Kurt Geisler

Aufgewachsen in KIEL in den 50er & 60er Jahren

Wartberg Verlag

Impressum

Bildnachweis:
Umschlag Vorderseite: StAKiel, 2.3 Magnussen 30442, Freisteller Rüdiger Biel
Umschlag Rückseite: wikicommons: StAKiel,2.3 Magnussen 22.9022

Innenteil:
Wikicommons: StAKiel, 2.3 Magnusson 49.100: S. 3; StAKiel, 2.3 Magnusson 50.143: S. 6; StAKiel, 2.3 Magnusson 50.367: S. 7 oben; StAKiel, Wolfgang Teuchert 40.099: S. 8; StAKiel, 2.3 Magnusson 44.553: S. 10; StAKiel, Gotthold Sommer 35.486: S. 12 oben; StAKiel, 2.3 Magnusson 41.495: S. 12 unten; StAKiel, 2.3 Magnusson 22.902: S. 11 unten; StAKiel, 2.3 Magnusson 13.887: S. 14 unten; StAKiel, 2.3 Magnusson 57.261: S. 15; StAKiel, 2.3 Magnusson 42.566: S. 16 oben; StAKiel, 2.3 Magnusson 37.011: S. 16 unten; StAKiel, 2.3 Magnusson 48.598: S. 17; StAKiel, 2.3 Magnusson 55.481: S. 19; StAKiel, 2.3 Magnusson 44.530: S. 22 oben; StAKiel, 2.3 Magnusson 67.593: S. 22 unten; StAKiel, 2.3 Magnusson 41.369: S. 21; b StAKiel, 2.3 Magnusson 34.070: S. 24 unten; StAKiel, 2.3 Magnusson 13.553: S. 25; StAKiel, 2.3 Magnusson 35.398: S. 32 unten; wikicommons-SunOfEvart: S. 38 0ben; wikicommons: S. 38 unten; StAKiel, 2.3 Magnusson 34.738: S. 37 unten; StAKiel, 2.3 Magnusson 37.920: S. 39; StAKiel, 2.3 Magnusson 37.925: S. 40; StAKiel, 2.3 Magnusson 15.596: S. 42; StAKiel, 2.3 Magnusson 45.295: S. 43; StAKiel, 2.3 Magnusson 44.592: S. 44; StAKiel, 2.3 Magnusson 48.661: S. 48; StAKiel, 2.3 Magnusson 40.440: S. 53 oben; StAKiel, 2.3 Magnusson 34.628: S. 53 unten; Original photographer unknown: S. 54; Reprise Records: S. 54; StAKiel, 2.3 Magnusson 37.391: S. 57; StAKiel, 2.3 Magnusson 54.019: S. 58; StAKiel, 2.3 Magnusson 21.981: S. 63;
Nora Noé: S. 7 unten, 26; Rüdiger Biel: S. 9, 11 oben, 18, 20. 24 oben, 28, 30, 31, 32 oben, 37 oben, 45, 46, 49, 60-61; Kurt Geisler: S. 14 oben, 29, 33, 34 (Agentur Dorland, Berlin), 35 oben, 50, 51; Brigitte Mund: S. 27; Marina Lau: S. 35 unten, 36; Gabriele Schreiber: S. 41; ullstein bild-Gert Kretschmann: S. 62; ullstein bild-Jochen Blume: S. 63 links

Wir danken allen Lizenzträgern für die freundliche Abdruckgenehmigung.
In Fällen, in denen es nicht gelang, Rechtsinhaber an Abbildungen zu ermitteln,
bleiben Honoraransprüche gewahrt.

1. Auflage 2022

Gestaltung und Satz: r2 | Ravenstein, Verden
Druck: Druck- und Verlagshaus Thiele & Schwarz GmbH, Kassel
Buchbinderische Verarbeitung: Buchbinderei S. R. Büge, Celle

34281 Gudensberg-Gleichen • Im Wiesental 1
Telefon: 056 03/9 30 50 • www.wartberg-verlag.de
ISBN: 978-3-8313-3383-7

Vorwort

Liebe **KIEL**er!

Den Krieg selbst kannten wir nur aus den Erzählungen unserer Eltern, aber die Spuren waren überall sichtbar: Ruinenhäuser, nur notdürftig zu bewohnen, Trümmerflächen, auf denen provisorische Ladenbuden standen, und zerstörte Fassaden. Wir Kinder und Jugendlichen wuchsen in einer unwirtlichen Umgebung auf. Spuren des Krieges waren bis spät in die 60er-Jahre überall in Kiel sichtbar.

Uns verbindet einiges. Die meisten von uns kamen vermutlich im Städtischen Krankenhaus zur Welt. Längst nicht jeder besuchte einen Kindergarten, wir hatten ja unsere Geschwister als Aufpasser. Unsere Eltern waren meist sehr beschäftigt und wir nutzten den Freiraum, der sich uns bot. Heute undenkbar!

Einige unserer Väter arbeiteten bei HDW und in den 60er-Jahren zog so manche Familie in eine neue schicke Wohnung. Gleich ob wir die Volksschule, die Mittelschule oder sogar das Gymnasium besuchten, zum Schulalltag gehörten die Prügelstrafen der Lehrer. Als wir älter wurden, gingen wir gerne ins Kino, ins „Metro“ oder „Central“. Der erste Fernseher brachte uns die Welt nach Hause. Beatmusik beschäftigte uns und wer es sich leisten konnte, kaufte sich eine Single bei Kihr-Goebel oder Radio Westphal. Das erste Mofa gab’s von Zweirad Krah und die neue Mobilität nutzten wir in jeder freien Minute. Wer erinnert sich nicht an den Starpalast, wo einige von uns 1967 Jimi Hendrix live erlebten? Und in der 1966 neu eröffneten Tanzschule Mäser lernten wir nicht nur tanzen, sondern auch das andere Geschlecht kennen.

Dieser Band beschreibt Kiel in den 50er- und 60er-Jahren aus der Sicht der Kinder und Jugendlichen, ein Kiel, das sich zu einer lebenswerten Stadt entwickelte, die nicht nur durch die Kieler Woche und den Nord-Ostsee-Kanal, sondern auch mit den großen Fährlinien nach Norwegen und Schweden erneut internationale Bedeutung erlangte. Viel Vergnügen beim Erinnern!

Das städtische Krankenhaus in der Metzstraße, 1971.

Gute Hoffnung

Das Wort „schwanger“ wurde früher nicht verwendet, von werdenden Mütter hieß es, sie seien „guter Hoffnung“. Für die meisten werdenden Väter war die Schwangerschaft reine Frauensache. Während der Geburt standen sie zigarettenrauchend im Eingangsbereich des Städtischen Krankenhauses oder gingen nervös vor der Entbindungsstation auf und ab. Immer wieder versuchten sie den Blicken der Schwestern mit Hauben und Rot-Kreuz-Broschen Informationen zu entnehmen, bis ihnen endlich die erlösende Nachricht zuteil wurde: Er oder sie ist da, Mutter und Kind sind wohlauf.

In der Regel dauerte das Wochenbett in der Klinik für Mütter zehn Tage, wobei sie in dieser Zeit von ihren Babys weitestgehend getrennt waren. Üblich war seinerzeit, dass die Bettchen der Neugeborenen zusammen in einem Raum standen und die Kleinen den Müttern lediglich zum Stillen gereicht wurden. Ansonsten kümmerten sich Säuglingsschwestern um die Neugeborenen und zeigten den Müttern, wie das Kind gewaschen, gebadet oder gewickelt wird. Besuchern

Chronik

1950 – 1954

19. Januar 1950
Die Ladenschlusszeit am Sonnabend wird von 18.30 Uhr auf 14 Uhr vorverlegt.

3. Mai 1950
Das Landeshaus (ehemals Marineakademie) wird Sitz des schleswig-holsteinischen Landtags.

20. September 1950
Nach dem Ende der Demontage- und Entmilitarisierungsarbeiten auf den Werften wird das Ostufer wieder freigegeben.

22. Juni 1951
Wiederaufbau des Weltwirtschaftsinstituts am Hindenburgufer (heute Kiellinie) und Einweihung.

22. November 1951
Das Kino Gloria-Palast auf der Holstenbrücke wird eröffnet.

1. März 1952
Fertigstellung der Ostseehalle mit 9000 Sitzplätzen.

21. Juni 1953
Wiedereröffnung des Kieler Stadttheaters (heute Opernhaus) mit Beethovens Fidelio.

27. August 1953
An der Ecke Holstenstraße/Hafenstraße eröffnet das Kepa-Kaufhaus.

12. Dezember 1953
Sperrung des oberen Teils der Holstenstraße für den Individualverkehr. Die fußläufige Einkaufsstraße wird damit zu einer der ersten Fußgängerzonen Deutschlands.

4. Januar 1954
Die schwerste Sturmflut seit 50 Jahren sucht den Kieler Hafen heim.

4. Juli 1954
Deutschland wird in Bern Fußballweltmeister.

17. Oktober 1954
Mit der Sendung 1:0 von Peter Frankenfeld wird aus der Ostseehalle zum ersten Mal eine Fernsehsendung aus Kiel übertragen.

wurde das Kind von einer Schwester lediglich hinter einer Glasscheibe in einem Säuglingszimmer präsentiert.

Neue Begleiter

Für ältere Geschwister war die Ankunft eines neuen Familienmitglieds ziemlich aufregend, so wie bei Anna. Die Wohnung von Annas Familie war wegen der vielen Flüchtlinge aus dem Osten von drei Familien belegt. Für Anna war das normal, sie kannte es nicht anders. Anfang 1950 schenkten Annas Eltern ihr einen kleinen, weichen Stoffigel, der schnell ihr ständiger Begleiter werden sollte. Irgendwann im Sommer 1950, Anna war drei Jahre alt, kam Vater freudig mit zwei winzigen Säuglingen im Arm auf sie zu. „Du hast jetzt zwei Brüder, Anna. Zwillinge. Einer bestellt, zwei gekommen." Anna hielt sich allerdings zunächst lieber an ihrem Stoffigel fest, bis die Zwillinge zu ihr ins Bett gelegt wurden. Im Gegensatz zum Stoffigel verspürte Anna echtes Leben, obwohl die beiden Säuglinge nur am quäken waren.

„Habt ihr schon Namen gefunden?" Annas Vater kam Mutter zuvor. „Selbstverständlich nach den Namen ihrer Großväter, Konrad und Horst."

Irgendwie verspürte Anna in diesem Moment Hoffnung auf eine bessere Zukunft, aber sie schlief noch viele Jahre mit ihrem weichen Stoffigel.

Der Wiederaufbau

Was viele vielleicht nicht wissen: Das Kiel der Vorkriegszeit galt unter stadtplanerischen Gesichtspunkten als eine der unansehnlichsten deutschen Großstädte mit vielen engen und verwinkelten Straßen, was dem Aufstieg Kiels zum Kriegshafen und dem damit verbundenen explosionsartigen Bevölkerungswachstum geschuldet war. Bis auf den Alten Markt bestand fast die gesamte Altstadt aus in sich verschachtelten Häusern verschiedener Jahrhunderte. In der Vorstadt gab es ein sogar ein richtiges Gängeviertel, das vom Kleinen Kuhberg und dem jetzigen Gelände des Europaplatzes mitsamt der Ostseehalle bis zum Walkerdamm reichte.

Zu Beginn der 50er-Jahre waren selbst in der ehemals eng bebauten Innenstadt viele Ruinenflächen geräumt, die zunächst provisorisch begrünt wurden, um der Staubentwicklung vorzubeugen. Sie wurden vom Volksmund nach dem seinerzeit beliebten Oberbürgermeister Andreas Gayk benannt: Gayk-Wäldchen. Andererseits entstand die eine oder andere Promenade an der Kieler Förde, weil viel Trümmerschutt einfach im Hafen entsorgt wurde.

Die Zerstörung der Stadt und ihrer wirtschaftlichen Grundlagen machten einen gesellschaftlichen und städtebaulichen Neuaufbau unumgänglich, zumal die Strom-, Gas- und Wasserversorgung sowie die Entwässerung in großem Maße beschädigt war. Ein Großteil der Häuser war zerstört oder beschädigt, während viele Flüchtlinge aus dem Osten in die Stadt drängten.

Der Kieler Magistrat war sehr bemüht, für die nachwachsende Generation eine lebenswerte Stadt neu aufzubauen,

Trümmerräumung und Wiederaufbau im Königsweg. Blickrichtung Ringstraße mit dem Amtsgericht, 1950.

Auf dem stark zerstörten Ostufer dauerte die Trümmerräumung und der Wiederaufbau deutlich länger als z. B. in der Brommystraße (später Ostring) in Gaarden. Im Hintergrund rechts die Pickertkaserne, um 1950.

so schnell es irgendwie ging. Erste vom Stadtplanungsamt vorgelegte städtebauliche Planungen sahen eine grundsätzliche Trennung von Industriegebieten und Wohnbebauung vor. Die weitgehend zerstörten engen und verwinkelten Straßen der Vor- und Altstadt wurden durch eine weiträumigere Gestaltung und großzügige Verkehrsführung überplant.

Zu Beginn der 50er-Jahre war Kiel immerhin eine der bestgeräumten deutschen Großstädte, was einen schnellen Wiederaufbau begünstigte.

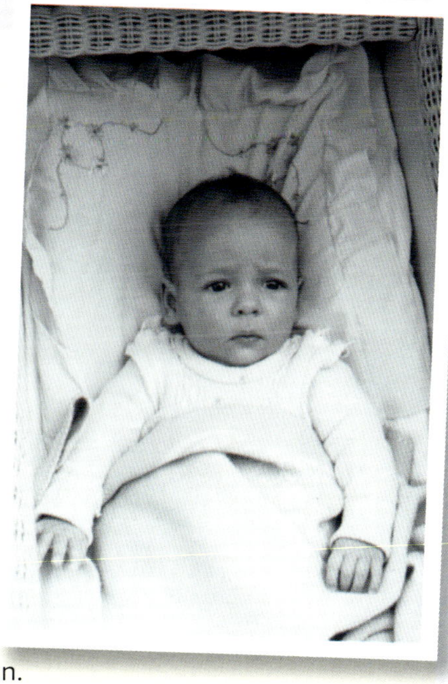

Babypflege zu Hause

Zu Hause wog die junge Mutter ihr Kind vor und nach den Stillmahlzeiten auf einer Waage. Die Werte trug sie in eine Wiegekarte des Geburtsheftchens ein, das sie bei der Entlassung aus der Klinik erhalten hatte.

Ein Extra-Kinderzimmer gab es in den Wohnungen nur selten. Das Baby schlief selbstverständlich in einem Gitterbettchen am Fußende des elterlichen Bettes. Die Windeln wurden dort gewaschen, wo auch das Essen gekocht wurde: in der Küche. Gebadet wurden die Kinder nacheinander in einer Zinkbadewanne, im Sommer sogar auf dem Balkon.

Zur Taufe des Babys in der Kirche traf sich erstmals seit langer Zeit die gesamte Familie wieder und bestaunte den Neuankömmling, der festlich gekleidet war – so gut es damals eben ging.

Holstenstraße mit Howe-Haus, dahinter der Rathausturm, 1955.

Eine neue Stadt entsteht

Nach dem Krieg gehen die Stadtplaner völlig neue Wege, um Kiel lebenswert zu machen. So wird zunächst die kleine, aber fast vollständig zerstörte Kieler Altstadt mit dem historischen Straßennetz wieder aufgebaut, allerdings mit moderner Architektur. Den Verkehr leitet man künftig weit um das historische Zentrum herum. Von der historischen Substanz der Altstadt sind heute nur noch Teile der Nikolaikirche, der Warleberger Hof, das Stadtkloster und der Ranzaubau erhalten. Als Fortführung des Sophienblatts, das am Hauptbahnhof vorbeiführt, legt man die vierspurige Neue Straße (jetzt Andreas-Gayk-Straße) an, die bis zum heutigen Berliner Platz führt.
Die neue Bebauung besteht nun fast durchgängig aus Geschäfts- und Verwaltungsgebäuden (Tapeten Jansen, Howe-Haus, Landesbank, Weipert-Haus), was natürlich eine Verlagerung von Wohnraum aus dem Kieler Zentrum bedeutete.

Geschäftshaushalt

Die ersten Jahre mit ihren beiden kleinen Brüdern waren für Anna recht turbulent, weil ihre Eltern inzwischen das Geschäft der Großeltern übernommen hatten, eine Drogerie mit Farben- und Tapetenhandel. Die Farben mischte Annas Vater anfangs mit einer großen Maschine selbst an und ihre Mutter beriet die Kunden bei der Auswahl der Tapeten. Bald konnten sie sich sogar eine Angestellte leisten, die im Drogeriebereich arbeitete. Annas Großvater, der das Geschäft in den 30er-Jahren aufgebaut hatte, verdrückte sich zunehmend in eine Ecke, um Lackdosen oder andere Waren zu entstauben.

Anna war ein lebhaftes Kind. Oft war sie im Laden und schaute gerne bei den Verkäufen zu. Am besten gefiel ihr aber der junge Laufbursche aus Ellerbek, der bei den Kunden auf dem gesamten Ostufer die Farben und Tapeten anlieferte.

Trotz seiner Jugend hatte er eine stattliche Figur, vermutlich weil er oft mit den schweren Waren die Treppen hinauf musste, denn Fahrstühle gab es seinerzeit so gut wie keine.

Weil ihre Eltern nun von morgens bis abends im Geschäft standen, wurde Anna immer mehr in die Pflicht genommen. Mittags erhitzte sie die Milchflaschen für ihre kleinen Brüder und später Brei. Dann mussten die Stoffwindeln nicht nur gewechselt, sondern auch in der Waschküche im 4. Stock mit der Hand gewaschen werden.

Ideenreichtum durch Mangel

Auch wenn sich die Lebensverhältnisse nach Einführung der Deutschen Mark am 20. Juni 1948 grundlegend besserten, herrschte noch lange Mangel an Wohnraum. Oft lebten drei Familien in einer Wohnung. Es gab zwar kaltes fließendes Wasser, aber nur unbeheizte Toiletten auf halber Treppe. Als Toilettenpapier diente zurechtgeschnittenes Zeitungspapier. Wäsche wurde in der Waschküche im Keller oder auf dem Dachboden gewaschen und im Freien auf einer Leine aufgehängt. Es wurde gespart, wo es nur ging.

Kleidung wurde angepasst, bis sie „aufgetragen" war. Die jüngeren erbten die Kleider der älteren Geschwister, Mäntel, Hosen und Röcke wurden einfach umgenäht. Neue Kinderkleidung wurde oft gestrickt und jeder Pfennig mehrfach umgedreht, bevor er ausgegeben wurde. Aber wir Kinder entbehrten nichts, denn wir kannten es ja nicht anders. Im Gegenteil, wir erlebten den Wiederaufbau der Stadt, in dem sich die Lebensverhältnisse ständig verbesserten.

Die Kinder werden in Selbstgestricktes und Selbstgenähtes gekleidet. Was nicht mehr passt, wird umgeändert oder aufgetrennt und neu gestrickt.

Holstenstraße Ende der 60er-Jahre.

Eine der ersten Einkaufsstraßen

Neben der vierspurigen Neuen Straße legte man den Holstenplatz an, von dem aus die neu gebaute breite Holstenstraße bis zum Alten Markt führte. Der obere Teil wurde im Dezember 1953 für den Individualverkehr gesperrt, was zu erheblichen Protesten der Kaufmannschaft führte. Allerdings entwickelten sich die Geschäfte in der Fußgängerzone dermaßen positiv, dass viele Kaufleute forderten, auch den unteren Teil zum Holstenplatz hin für den Individualverkehr zu sperren. Dem wurde 1957 stattgegeben.

Das Kieler Rathaus mitsamt dem markanten Campanile wurde zwischen 1947 und 1953 wieder instand gesetzt und das Stadttheater (jetzt Opernhaus) ebenfalls 1953 eröffnet. Die Innenstadt hatte sich in diesen ersten Aufbaujahren in ein luftiges Stadtbild mit einer Abfolge von offenen Plätzen, vielen Grünflächen und geschlossenen Straßenräumen verwandelt.

Spaziergang

Selbstverständlich mussten sich die größeren Kinder um die kleineren kümmern. Wobei die Jungen dabei meistens außen vor waren. Erst später, wenn wir laufen konnten, nahmen sie uns mit zum Spielen. Solange man aber mit den Schieterbüdeln nichts anfangen konnte, drehten die Mädchen eine Runde mit dem Kinderwagen. Manchmal ging es einfach nur dreimal um den Häuserblock und schnell zurück.

Die Kleinen wurden von den älteren Geschwistern betreut. Da gab's keine Diskussionen.

Aber einmal schob Anna ihre kleinen Brüder aus Übermut bis zum Werftpark. Das war gar nicht so einfach, denn der Bürgersteig war holprig und an mehreren Stellen ging es an Ruinenhäusern vorbei. Der große Bunker auf dem Kasernenhof war in sich zusammengefallen, vermutlich durch die Explosion von Bomben. Das ehemalige Werftgelände auf dem Ostufer war noch abgesperrt, aber immerhin war der Eingang zum Park frei. Oben auf der Anhöhe, von der aus im Winter auf der „Todesbahn" gerodelt wurde, setzte sich Anna erschöpft auf eine Bank, mit einem guten Blick bis nach Kiel-Ellerbek.

Mütter und Kinder trafen sich im Volkspark Gaarden, 1953.

Wohnungsbau

Von den 34.000 völlig zerstörten Wohnungen konnten mit ERP-Mitteln (European Recovery Program) bis 1953 immerhin 13.000 neu gebaut werden. Damit stehen trotzdem erst drei Viertel der ehemals 82.000 Wohnungen zur Verfügung, sodass Flüchtlinge und Ausgebombte noch jahrelang unter schlechten Verhältnissen in Baracken und Nissenhütten in Lagern leben müssen. Auf dem Westufer geht der Neuaufbau relativ schnell vonstatten (Holtenauer Straße, Universität).
Aber auch auf dem Ostufer kommt etwas später ein umfangreiches Wiederaufbauprogramm in Gang (unter anderem mit Marshallplangeldern), vor allem zunächst in Gaarden. Allerdings vollzieht sich hier der Aufbau deutlich langsamer. Allmählich entwickelt sich in vielen Wohnbereichen Kiels ein völlig anderes Stadtbild: moderne Häuser, umgeben von großzügigen Grünflächen. Dieses Wiederaufbaukonzept wird ein bundesweit beachtetes Modell modernen Städtebaus. Wobei nicht unerwähnt bleiben soll, dass manche Städtebaukritiker behaupten, dass in den Nachkriegsjahren bis in die späten 70er hinein mehr zivile Bausubstanz als in beiden Weltkriegen zusammen vernichtet wurde.

Neue Wohnhäuser in der Holtenauer Straße 19–39, 1952.

Die Elisabethstraße Ende der 60er-Jahre.

Die Todesbahn

Die Todesbahn war eigentlich nicht gefährlich, nur durfte man als Gaardener im Winter nicht zu weit in den Auslauf rodeln, denn da standen oft prügelbereite Ellerbeker. Während Anna überlegte, wo der Laufbursche aus dem elterlichen Geschäft wohl wohnen mochte, erreichte sie lautes Geschrei ihrer Brüder. Durch Aufschaukeln hatten die beiden Wildfänge den Kinderwagen in Bewegung gesetzt, der ruckelnd auf dem unsanften Gras der Todesbahn mehr und mehr Fahrt aufnahm. Mit den Armen rudernd lief die siebenjährige Schwester voller Entsetzen schreiend hinterher.

Ihren Brüdern dagegen schien der wilde Ritt zu gefallen. Zum Glück gab es nur einen einzigen Baum und der stand ganz am Rande der Todesbahn. Der Kinderwagen rollte sanft aus. Überglücklich zog Anna den Kinderwagen an sich. Alles war noch einmal gut gegangen, aber in Zukunft sollte sie umsichtiger sein. Nun ging es für Anna schnell nach Hause.

Kindergeburtstag

Birgit ist auf dem Westufer der Kieler Förde aufgewachsen, mit vielen Grünanlagen. Die erste Erinnerung hat sie erst an ihren vierten Geburtstag, an dem sie morgens ein kleiner Kuchen mit vier brennenden Kerzen erwartete. Daneben eine hübsche kleine Puppe in einem weißen Kleid mit roten Punkten, deren blonde Haare beim Flackern der Kerzen glänzte. Wenn man sie hinlegte, schloss sie sogar die Augen.

Dankbar fiel Birgit ihren Eltern um den Hals. Schön war auch, dass sich Vater den ganzen Tag frei genommen hatte. Bis am Nachmittag die Verwandtschaft mit Geschenken eintraf, spielte Birgit im Schlafzimmer mit ihrem Baby. Ihre Freude über die Geburtstagsgaben hielt sich zunächst aber in engen Grenzen, denn Tante Gerti schenkte ihr Kniestrümpfe und Tante Lotti Textiltaschentücher. Oma und Opa dagegen hatten alles richtig gemacht und Schuhe und Strümpfe für Birgits Puppe gekauft. Ihr Glück war vollkommen.

Später gab es Kaffee und Kuchen und für Birgit Schokolade und Kakao. Offenbar bemerkten die Erwachsenen Birgits Unruhe, die im Schlafzimmer ihre Puppe versorgen wollte. „Geh nur spielen, Biggi. Es ist schließlich dein Ehrentag."

In vielen Haushalten wohnten mindestens drei Generationen unter einem Dach.

Allerbeste Laune

Fröhlich pfeifend verließ Birgit das Wohnzimmer. Während sie im Schlafzimmer mit ihrer Puppe spielte, wurde es nebenan immer lauter. Erst zunehmendes Gelächter, dann bisweilen Gekreische, schließlich wurde gesungen und gegrölt. Einschlafen konnte ihr Baby nicht, und so schlich sie sich zur Wohnzimmertür und lugte durch das Schlüsselloch. Der Tisch stand voll mit Wein- und Schnapsflaschen und die gesamte Feiergesellschaft hatte sich mit Lippenstift gegenseitig an den Armen und im Gesicht bemalt. Offenbar war man allerbester Laune und der Lärm würde sicherlich noch einige Zeit andauern. So schlich sie zurück in ihr Zimmer. Einschlafen konnte Birgit nicht, aber wenigstens die Puppe hatte jetzt die Augen geschlossen.

Zeitenwandel

Als Anna eines Mittags aus der Schule in den elterlichen Laden kam, sah sie den Laufburschen weinend vor ihrem Vater stehen. Schließlich machte er kehrt und eilte mit Tränen im Gesicht aus dem Geschäft, ohne Anna weiter zu beachten. Sie verstand die Welt nicht mehr und fragte ihren Vater, was das sollte. Der verwies auf einen nagelneuen grünen VW Käfer vor der

Autoverladung von 240 Volkswagen für den Export in die USA, Kieler Nordhafen 1957.

Chronik

1955 – 1959

11. Oktober 1955
Die letzten Kriegsgefangenen aus Russland kehren nach Kiel zurück.

28. März 1956
Die neu gegründete Bundesmarine erhält in Kiel mit drei Schnellbooten ihre ersten Schiffe.

16. Juli 1956
Die Marinefliegerabteilung in Holtenau wird aufgestellt.

24. Oktober 1956
Beginn der Streiks in den Kieler Metallbetrieben. Mit ihm wurde in 114 Tagen die Lohnfortzahlung im Krankheitsfall erkämpft.

10. März 1957
Der THW Kiel besiegt Frisch Auf Göppingen mit 7:5 und wird damit erstmalig Deutscher Meister im Hallenhandball.

30. März 1957
Die Paketzustellung mit Pferde-Paketwagen wird in Kiel eingestellt.

9. November 1957
Beim Brand einer Flüchtlingsbaracke am Wehdenweg stirbt ein Kleinkind; 20 Familien werden obdachlos.

23. Juni 1958
Der Diederichsenpark in Düsternbrook wird der Öffentlichkeit übergeben.

17. Dezember 1958
Das Segelschulschiff Gorch Fock wird in Dienst gestellt.

20. Dezember 1958
Der Tanker Olympic Challenger läuft bei den Howaldtswerken in Anwesenheit des Reeders Aristoteles Onassis vom Stapel.

24. August 1959
In der Brunswiker Straße beginnt die Bebauung der letzten Baulücke zwischen der Koldingstraße und dem Dreiecksplatz.

Zwei-Groschen-Lotterie mit VW Käfern am Berliner Platz. Die Gewinner werden bekannt gegeben, vermutlich Ende der 60er-Jahre.

Ladenscheibe, der im Stadtbild nicht nur durch Weihnachtslotterien und Exporte einen Großteil der Fahrzeuge ausmachte.

„Kleine Anna, wir haben so viele neue Geschäftskunden gewonnen, dass wir einen zweiten Laufburschen einstellen müssten. Beide wären zu Fuß den ganzen Nachmittag unterwegs, insgesamt acht Stunden. Mit unserem Lieferfahrzeug können wir das viele Geld für die Laufburschen sparen. Benzin kostet nur wenig und mit diesem Auto brauche ich keine zwei Stunden am Tag.“

So ganz verstand es Anna nicht, aber sie malte sich schöne Ausflüge an Sonntagen aus. Richtig glücklich war sie nicht, denn den flotten Laufburschen würde sie so schnell nicht wiedersehen. Als Gaardener hatte man in Ellerbek, wo der junge Mann wohnte, nichts verloren.

Ein Schutzmann der Polizei regelt den Verkehr zum Schichtwechsel auf der Werftstraße, 1968.

Die Howaldtswerke (HDW)

Nach dem Kriegsende entgingen die Howaldtswerke als einzige der großen Kieler Werften knapp der Demontage und weiteten sich auf dem Ostufer von Dietrichsdorf nach Gaarden aus. Schnell profitierte die Werft vom Wirtschaftswunder und es brachen goldene Zeiten nicht nur für die Beschäftigten an, sondern auch für die Kaufleute auf dem Ostufer.
Früher war alles anders auf dieser traditionsreichen Werft. In der Glanzzeit, die bis in die 60er-Jahre andauerte, wurden die großen Schiffe gebaut und es hallte der Lärm von Hämmern. Bolzenschuss- und Schweißgeräten der 13.000 Beschäftigten unüberhörbar über die gesamte Stadt.
Heute hat sich Howaldt, das inzwischen zum Werftverbund des Thyssen-Krupp-Konzerns gehört, auf den Marineschiffbau konzentriert und beschäftigt lediglich noch etwa 3000 Beschäftigte, was in den letzten Jahrzehnten auf dem Ostufer enorme negative Veränderungen im Geschäftsleben verursacht hat.

Portalkräne bei den Howaldtswerken, Blick von der Elisabethstraße in Gaarden, 1965.

Das Ausflugslokal Forstbaumschule im Düvelsbeker Weg 46 Anfang der 70er-Jahre.

Im Kohlenkasten

Dass man als Kind nicht so richtig zählte, merkten die Brüder Konrad und Horst spätestens dann, wenn sie hinten im „Kohlenkasten" vom VW Käfer Platz nehmen durften oder in einem Ausflugslokal stundenlang am Katzentisch mit einer lauwarmen Brause durchhalten mussten. Währenddessen stärkten sich die Altvorderen erst einmal kräftig mit Korn, Bier und Wein. Natürlich wurde ohne Ende gepafft. Die Kieler Forstbaumschule als Ausflugsziel war ihnen lieber, da konnte man schön klettern und spielen.

Endlich ging es im Kohlenkasten wieder nach Hause. Dass der VW Käfer bisweilen schwankte, lag vermutlich nicht nur an der schwächlichen Federung. Aber da die Kinder sowieso nach fünf Minuten erschöpft im Kohlenkasten einschliefen, ist ihnen seinerzeit vermutlich einiges an Ängsten erspart geblieben.

Im Irrgarten

Eines Tages, bei schönstem Sonnenschein in Probsteierhagen dauerte die Wartezeit für den kleinen Jürgen besonders lange, bis es für ihn endlich in den „Irrgarten" ging, ein Labyrinth unweit vom gleichnamigen Restaurant. Jürgen fühlte sich im Schatten der hohen Hecken völlig verloren und verirrte sich schließlich. Zum Eingang fand er nicht mehr zurück und so fing er bitterlich an zu weinen. Schließlich ereilten ihn aus der Ferne Rufe. „Jürgen, wo bist du? Hebe mal die Hand, damit wir dir helfen können!"

Jürgen wischte sich die Tränen aus den Augen und hob den Arm. Jetzt entdeckte er endlich die leicht schwankenden Eltern auf einer Erhöhung in der Mitte des Irrgartens. Es dauerte aber noch einige Zeit, bis die Eltern ihren Sohn zu dem kleinen, hässlichen gemauerten Backsteinturm in der Mitte des Irrgartens bugsiert hatten. Von der hohen Warte sah alles viel einfacher aus, aber ohne Vater oder Mutter war man als Knirps hilflos sich selbst überlassen. Auf dem Rückweg hielt er sich an der Hand des Vaters fest. Zurück auf der Terrasse beruhigte Jürgen sich schnell und nuckelte gelangweilt am Strohhalm der warmen Brause.

Stolz wie ein Cowboy in der Prärie. Die Fläche im Hintergrund wirkte wie eine Nachkriegswüste.

Im Arbeiterquartier

Auf dem Ostufer befanden sich vor dem Zweiten Weltkrieg fast ausschließlich Mehrfamilienhäuser als Quartiere für die vielen Arbeiter in den Werften. Die Mieten waren günstig und der Weg zur Arbeitsstelle kurz. Oft bewohnten Eltern mit ihren Kindern und Großeltern gemeinsam eine dieser Wohnungen, die im Schnitt etwa 60 Quadratmeter groß waren. Das jüngste Kind schlief bei den Eltern und das ältere bei der Oma. Das gesamte Familienleben spielte sich im Wohnzimmer ab, das den Kindern auch als Spielzimmer diente. Gegessen wurde hier auch, weil ein großer Kachelofen wohlige Wärme spendeten und die Küche zu klein war.

Da ganze Stadtteile bei den Werften wie beispielsweise Ellerbek zerbombt waren, wurden beim Wiederaufbau neue Wohnkonzepte verfolgt. Es entstanden Grünflächen, die Platz zum Erholen und Spielen boten.

Ein halbes Haus

Eine Besonderheit in Ellerbek und Dietrichsdorf waren die Doppelhäuser, die aus Geldmangel allerdings selten gleichzeitig fertiggestellt wurden. So standen im Bereich der Franziusallee jahrzehntelang halbe Häuser mit einer Dachseite.

Zwei Halbhäuser in der Helenenstraße Anfang der 70er-Jahre.

Für uns Kinder galten in der Wohnung und im Freien durchaus strenge Regeln. So durften Rasenflächen in der Regel nicht betreten werden. Dennoch nutzten wir beispielsweise Wäscheleinen, um mit Decken kleine Verstecke zu bauen.

Radio Hilversum

Wenn die Geschwister aus dem Haus waren, schaute der siebenjährige Robert oft gelangweilt zum Fenster, an dessen Scheiben an einem trüben Tag im Dezember Regentropfen abperlten, und das schon seit Wochen. Draußen spielen war nicht möglich. Weil Roberts Eltern wochentags arbeiteten, kam der Junge auf die Idee, sein Interesse auf den Grundig-Rundfunkempfänger im Wohnzimmer zu richten.

Das hölzerne Röhrenradio von der Größe einer mittleren Hundehütte hatte sechs weiße Drucktasten: „AUS", „TON-ABN", „UKW", „KURZ", „MITTEL" und „LANG". Auf der Glasblende waren viele Namen von großen Radiostationen aufgedruckt wie BERLIN, WIEN und BBC-LONDON, aber auch HILVERSUM und BEROMÜNSTER, wo zum Teufel immer das sein mochte.

Oberhalb der Glasblende sorgte ein großer Lautsprecher, der von einem beigen Stoffbezug verdeckt war, für mächtig Dampf. Beim Einschalten des Geräts wurde die beschriftete Glasblende von hinten beleuchtet und jetzt konnte man mittels eines Drehreglers versuchen, zu einem der etwa 60 Radiosender zu gelangen. Das gestaltete sich allerdings recht abenteuerlich, denn zunächst musste man die Drucktaste mit der richtigen Funkwellenlänge erwischen. Damit nicht genug, die kleine Zimmerantenne des Radiogeräts musste die oftmals schwachen oder weit entfernten Sender auch empfangen können.

Ein Grundig-Röhrenradio Typ 2024W.

Das magische Auge

Helfen beim Finden von Sendern sollte eigentlich das „Magische Auge“, die umgangssprachliche Bezeichnung für eine spezielle blau-grünliche Elektronenröhre, die die Stärke eines Signals rechts über dem Lautsprecher anzeigen sollte, was aber nur selten zuverlässig gelang. Das hatte zur Folge, dass es meistens auf UKW und NWDR eingestellt blieb.

Als Robert das Radio einschaltete, hörte er den „Erbschleicherfunk“ im Nordwestdeutschen Rundfunk, wie sein Vater diese mittägliche Sendung mit musikalischen Glückwünschen von Verwandten für betagte Jubilare nannte. Gelangweilt schaltete Robert das Gerät wieder aus, Wie viel spannender wäre es, eines dieser neuartigen Fernsehgeräte im Wohnzimmer stehen zu haben! Fernsehgeräte, so meinten die Klassenkameraden, seien schon halbwegs erschwinglich, zumindest für Besserverdienende.

West Side Story

Das Westufer war bis auf die Alt- und die Vorstadt nicht so stark vom Bombenhagel heimgesucht worden wie das Ostufer. Im noblen Düsternbrook waren die meisten Villen unversehrt geblieben, genau wie die Professorenhäuser nahe der Universität. Mit dem Düsternbrooker Gehölz und der Forstbaumschule gab es weitflächige Spielflächen für Kinder und im Winter wurde fleißig gerodelt. Allerdings sahen das die Eltern nicht gerne, weil es noch viele Bombentrichter gab, und man nie wusste, was darunter schlummerte.

Die Bebauung aus der Gründerzeit in und um die Einkaufsmeile Holtenauer Straße mit vielen großen und kleinen Fachgeschäften war rasch restauriert worden. Hier ging es städtischer zu als auf dem Ostufer. Die großzügig geschnittenen Wohnungen waren in der Regel mit Zentralheizung und Bad ausgestattet und so wurde das tägliche Kohleholen aus dem Keller zum „Alltagsvergnügen" der älteren Kinder.

Dreiecksplatz in der Holtenauer Straße, Ende der 60er-Jahre.

Erster Luxus

Während unsere Eltern in den 50er-Jahren oftmals ausgelassen mit Freunden den wiedergewonnenen Wohlstand feierten, gab es für Kinder und junge Leute auf dem Ostufer kaum Möglichkeiten, sich zu vergnügen. Die Wohnverhältnisse waren nach wie vor beengt, manchmal lebten „nur noch" acht Personen in einem Haushalt mit vier Zimmern, Flur und Küche. Mancher Vater ließ sich etwas einfallen und trennte von der großen Küche einen kleineren Teil ab und so entstand ein gekachelter Nassbereich mit Sitzbadewanne, welch ein Luxus! Allerdings paffte Großvater auf dem daneben installierten Klo frühmorgens seine Handelsgold, die Aufschwung-Zigarre, Made in Germany seit 1946. Immerhin bekamen die Kinder ein eigenes Zimmer. Die Tochter schlief komfortabel in einem Bett vor einem der beiden Fenster, die beiden Söhne dagegen an der Wand zum Flur in einem Etagenbett. Natürlich gab es ständig Kämpfe darum, wer oben und wer unten schlafen durfte.

Kieler Kinokönig

Bis zum Zweiten Weltkrieg existierten in Kiel insgesamt rund 100 Lichtspielhäuser, wie die Kinos früher genannt wurden, danach lediglich vier.

Im April 1951 eröffnet August C. Scepanik auf dem Grundstück des zerstörten „Lichtspielhaus Schloßhof" in der Holtenauer Straße das „Metro" mit über 1000 Sitzplätzen und zwei Raucherlogen. Tagsüber gibt es vier Vorstellungen.

Kurze Zeit später, im Juni 1951, eröffnet Scepanik die Central-Lichtspiele in der Eckernförder Straße, ein neues Kino mit mehr als 900 Plätzen. Es gelingt ihm, zahlreiche Filmpremieren mit teilweise weltbekannten Schauspielern und Regisseuren in seine Kinos zu holen.

Mit dem Metro und dem Central setzt Scepanik den Grundstein für sein Nachkriegsimperium, bis er schließlich alle 11 großen Kieler Kinos besitzt, worunter Ikonen wie das Regina, der Gloria-Palast und das Studio hervorstechen. Bei zahlreichen Umbauten (bedingt durch die Kinokrise Anfang der 60er wegen der zunehmenden Anzahl von Fernsehzuschauern) reduzierte Scepanik die Sitzplatzanzahl in den meisten seiner Kinos.

Im August 1980 endete die Ära des Kinokönigs, als er alle Kinos an die UFA verkaufte.

Die Hauptdarsteller (v. r.) Joachim Fuchsberger, Horst Tappert, Konrad Georg und Karin Hübner geben im Kaufhaus Weipert Autogramme.

Das Central-Kino in der Eckernförder Straße wurde auf dem Grundstück der zerstörten Gaststätte Deutsche Wacht gebaut. Das Foto entstand in den 70er-Jahren.

Spätes Vergnügen

Nachdem Klassenkameraden Robert zeigten, wie man schnell mit etwas technischem Geschick zum Polizeifunk gelangen konnte, hatte er seinen Spaß mit dem Radio. Das war natürlich streng verboten, aber „Möwe 1 ruft Möwe 7“, das klang schon spannend. Die quäkend durchgegebenen Straßennamen kannte Robert weitgehend, zumindest die auf dem Westufer. Aber Mord, Totschlag oder andere wilde Geschichten blieben leider aus, das war enttäuschend.

Jahre später erfuhr Robert, was die Drucktaste „TON-ABN“ bedeutete, als sein Vater eines fernen Tages einen Plattenspieler auf das Radio stellte und ihn mit einem Tonabnehmerstecker an das Röhrengerät anschloss. Seitdem konnte Robert jederzeit mit Druck auf diese Taste Schallplatten abspielen und musste nie wieder nach HILVERSUM oder BEROMÜNSTER suchen. Allerdings besaß die Familie nur eine einzige Schallplatte: die Tragödie „Turandot“ von Giacomo Puccini.

Lichtspiele

Wir standen oft sonntags um 11 Uhr für die Matinee im Kino Karlstal-Lichtspiele an. Das kostete zwar eine beim Schrotthandler hart verdiente Mark, aber man war wenigstens einmal für zwei Stunden weg von zu Hause und die Filme waren meistens im Farbe. Es war ein für Gaardener Verhältnisse sehr großes Kino mit mehr als 700 Sitzplätzen. Welche Filme liefen? Wir können uns heute gar nicht mehr daran erinnern. Die Filmwelt mit all den Heimatfilmen war seinerzeit recht bunt und selbst für die Augen eines Kindes eine „Erholung“.

Die Alltagswelt war nun mal das wenig restaurierte triste Kieler Ostufer, das von den Bombenangriffen der Alliierten besonders hart getroffen worden war. Bis es eingezäunt wurde, konnten wir heimlich auf dem demontierten Gelände der ehemaligen Kieler Werke herumstöbern, um etwas Metall zu ergattern. Wir sammelten (klauten) Papier, Schrott oder Kartoffeln, um uns einige Pfennige zu verdienen.

Ansonsten traf man sich auf der Straße und trieb die üblichen Spielchen: Kantenball mit einer ausgelutschten Lederpille quer über die Johannesstraße von einer Bürgersteigkante zur anderen. Autos, die man beschädigen konnte, gab es kaum.

Auf dem Campingplatz gab es eine heile Welt: keine Ruinen, nur Strand und Sonne. Das mit dem Lichtschutzfaktor war seinerzeit weitgehend unbekannt.

Mutproben

Mutproben waren unter den Jungs ein großes Thema. Als es im Herbst früher dunkel wurde, schlich sich einer von ihnen einmal über Hinterhöfe auf das Gelände des Bestattungshauses Strunck in der Kieler Straße. Er warf einen Blick durch die Scheiben der Aufbahrungshalle, konnte aber keine Leichen entdecken. Gruselig war es allemal.

Die größte Mutprobe war es jedoch, in den Bunker auf dem Kasernenhof einzudringen. Um ehrlich zu sein, das hat sich dann doch keiner von uns getraut. Alle hatten Schiss, im Dunkeln auf tote Soldaten zu treffen oder auf Minen zu treten. Ein Besuch der Lichtspiele am Sonntag im Kino Karlstal war uns deutlich lieber.

Der Blick geht Richtung Augustenstraße. Hinten rechts der Bunker Gaarden Ost, 1964.

Neubau der Hans-Christian-Andersen-Schule 1957.

Schulbau in Kiel

Als Schleswig-Holstein nach dem gewonnenen Krieg gegen Frankreich 1871 ins Deutsche Reich eingegliedert wird, entwickelt sich der Schulbau zur öffentlichen Aufgabe. Es entstehen Schulbauten im vorwiegend neugotischen Baustil wie beispielsweise das heutige Humboldt-Gymnasium am Knooper Weg und die Muhliusschule in der Legienstraße. Die karge Ausstattung in den Innenräumen entspricht dem preußischen Gebot der Sparsamkeit, wobei die Gebäude nach außen dennoch repräsentativ waren.
Anfang des 20. Jahrhunderts, als Kiel die Schwelle zur Großstadt überschreitet, was sich in Bauten wie dem Rathaus mit dem Campanile und dem jetzigen Opernhaus manifestiert, zeigen sich zunehmend barockisierende Formen wie beispielsweise im Altbau der Beruflichen Schulen am Ravensberg (jetzt RBZ Wirtschaft).
Während des Zweiten Weltkriegs werden von den 64 Kieler Schulen 26 völlig zerstört und 23 schwer beschädigt. So muss der Unterricht ab Mai 1945 unter schwierigsten Bedingungen aufgenommen werden und es gibt nur noch etwa 100 nutzbare Klassenräume. Bei völlig überfüllten Klassen kommt es über viele Jahre zu erheblichem Unterrichtsausfall.
Als die ersten Jahre der schweren Nachkriegszeit überstanden sind, werden neue Schulgebäude errichtet. Dabei ist vor allem der Architekt Rudolf Schroeder (1897–1965) zu erwähnen, der nach Kriegsende den Typ der Pavillonschule entwickelte.
Die Goetheschule (erbaut 1950, heute Gemeinschaftsschule) zwischen Westring und Hansastraße mit fünf Pavillonsträngen und Grünflächen vor jedem Klassenraum sowie die Max-Planck-Schule am Winterbeker Weg mit drei Pavillonsträngen sind beispielhafte Zeugnisse seiner Vision, Schüler mitten in der Stadt die Natur vor das Klassenzimmer zu legen.
Das Modell der Pavillonschulen prägt das Kieler Stadtbild maßgebend bis weit nach Ende der 60er-Jahre. 1959 wird Rudolf Schroeder für seine Verdienste um den Schulwiederaufbau von der Stadt Kiel zum städtischen Baudirektor ernannt. Die Hans-Christian-Andersen-Schule in Gaarden ist übrigens der erste Schulneubau auf dem Kieler Ostufer nach dem Zweiten Weltkrieg.

Einschulung

Zur Einschulung bekamen wir von unseren Eltern eine riesengroße Schultüte für unseren ersten Tag. Wir gingen z. B. in die Gorch-Fock-Schule, Friedrich-Junge-Schule oder auch die Goetheschule. Auf manchem Schulhof versammelten sich weit über 100 Kinder, die auf drei Klassen verteilt wurden. Drinnen roch es muffig und erinnerte an eine Kaserne.

Wir stellten überrascht fest, dass längst nicht alle Mitschüler Schultüten hatten. Einige trugen einen Schlüssel um den Hals. Der Vater erklärte: „Das sind Schlüsselkinder. Die haben keinen Vater. Die Mütter müssen tagsüber zur Arbeit." Wir anderen waren froh, zwei Elternteile zu haben.

Zur Schule gingen wir nicht gern. Für mehr als 40 Mitschüler war der Klassenraum viel zu klein und die Lehrer waren sehr streng. Für Rabauken gab es Ohrfeigen oder Schläge mit dem Holzlineal. Die meisten von uns fürchteten sich vor den Schutzimpfungen in der stinkigen Turnhalle, wo wir, vor Aufregung schwitzend, in Reih und Glied warten mussten, bis uns eine dicke Nadel in den Arm gejagt wurde. Manches Mädchen wurde gar ohnmächtig und durfte dann wenigstens früher nach Hause.

Gruß an Kiel

Eines Tages verkündete der Rektor der Iltisschule in der großen Pause auf dem Schulhof, dass die Schüler am 13. Mai wegen eines Umzuges in ihrem Sonntagsstaat zur Schule kommen sollten. Hans konnte sich keinen Reim darauf machen. Sollten sie hinter einem Spielmannzug herlaufen? Für den 13. Mai war also die lange Hose angesagt. Als Hans morgens zur Schule kam, stand tatsächlich ein Spielmannzug abmarschbereit, dahinter aufgereiht die Lehrer mit ihren Klassen. Es wurden bunte Fähnchen verteilt und für Hans ging es nun die Iltisstraße hinunter. Natürlich wurde wie immer „Gruß an Kiel" getrommelt und gepfiffen.

Am Ende der Straße bog der Spielmannzug aber nicht links ab zu Hans' Elternhaus, sondern nach rechts Richtung Katzheide. Gleich nach dem Blumengeschäft Saalborn und Bäcker Kohrt blieb der Festzug vor einem sehr schönen,

Unterricht in der Hans-Christian-Andersen-Schule, 1961.

modernen Backsteingebäude mit weißen Fenstern stehen, das Hans vorher nicht aufgefallen war. Es war ein heißer Maitag und er begann in seinen Klamotten zu schwitzen. Es folgte eine Rede zur Einweihung und die Schüler konnten an der Fassade lesen, dass es sich bei dem Neubau um die Hans-Christian-Andersen-Schule handelte.

Nach der gefühlt endlos langen Rede des Rektors führten die Lehrer ihre Schüler ins Gebäude. Hans' Klasse 3a bezog einen Raum in der ersten Etage. Schön war es hier, keine verwinkelten Räume, sehr große Fenster mit Blick auf den Schulhof, neue Stühle und Tische. Es war schöner als zu Hause im Altbau und sein Schulweg verkürzte sich erheblich. Er genoss seitdem den Unterricht in den lichten Räumen. Außer Handarbeit.

Auf und ab – Die Firma Rud. Prey

Die 1892 gegründete, bodenständige Kieler Firma Rudolf Prey erhält kurz nach Kriegsende den Auftrag, den Nord-Ostsee-Kanal instand zu setzen. Zunächst steht die Reparatur der Schleusentore, Brückenbauwerke, Fähranlegerrampen und die Erneuerung der Signalanlagen an. Kurz danach wird in der Firma die weltweit erste automatische Aufhängeanlage für Feuerwehrschläuche entwickelt und zum Patent angemeldet. Bereits seit den 1920er-Jahren ist der Aufzugbau ein Hauptgeschäftszweig. 1955 überschreitet die Fertigung von Aufzügen bereits die magische Grenze von 1000 Stück. Zudem werden zunehmend Paternosteraufzüge produziert und in viele immer höhere Gebäude eingebaut. Das Unternehmen beschäftigt zu diesem Zeitpunkt 75 Mitarbeiter.
Dann wird die Firma in eine Kommanditgesellschaft umgewandelt und heißt von nun an Rud. Prey KG. Ab 1964 führen deutschlandweit viele Großprojekte im Wohnungsbau zur Serienfertigung von Aufzügen, und nicht nur in Norddeutschland werden viele Zeitgenossen bis heute das Firmenlogo kennen.
1969 wird das Unternehmen vom Gaardener Werftgelände in die Rendsburger Landstraße verlegt und ist nach wie vor auf dem Weltmarkt erfolgreich.

Selbst der ausgeschaltete Fernseher ließ die stolzen Kinderaugen leuchten.

Schöne neue Welt

Mitten in der Adventszeit ließ der Vater einen Fernseher im Wohnzimmer aufstellen und der Techniker brachte das Gerät erstaunlich schnell zum Laufen. „Funktioniert!“

Zunächst war aber nur ein Bildflimmern zu sehen. Der Techniker entnahm einem Stoffbeutel einen Handbohrer und ohne viel Federlesens bohrte er ein Loch durch den hölzernen Fensterrahmen. Zufrieden betrachtete er sein Werk, während sich der Vater besorgt äußerte. „Und das ging wirklich nicht anders?“

Erstaunt musterte ihn der Techniker. „Wollen Sie nun fernsehen oder nicht?“

Der Vater nickte schnell. Zufrieden sammelte der Techniker den Stoffbeutel ein und stürmte im Treppenhaus zum Dach hoch. Wenig später klatschte ein weißes Kabel gegen die Fensterscheibe, das lose vom Dach baumelte. Schnell öffnete der Vater das Fenster und führte es vorsichtig von außen durch das gebohrte Loch. Wenig später kehrte der Techniker zurück und montierte einen Stecker auf das Kabel, um ihn auf der Rückseite des Fernsehgeräts einzustecken. Dann schaltete er den Fernseher ein und drehte an zwei Reglern, bis sich ein halbwegs stabiles Testbild einstellte.

So eine Schwarz-Weiß-Glotze im Wohnzimmer war für uns Kinder natürlich interessanter als dieses blöde Radio, wo man nach seltsamen Sendernamen auf verschiedenen Frequenzen suchen musste. Fernsehen war vom Prinzip her auch einfacher als Radio. Knopf an, Bild da – technisch gesehen. Aber vormittags und am frühen Nachmittag gab es kein Programm, nur das Testbild. Erst zum Abend hin wurde eine Stunde lang Programm für Kinder, Jugendliche und Hausfrauen gesendet. Aber selbst das Testbild durften wir nicht länger bewundern, weil Vater die Glotze ausschaltete. „Genug Fernsehen für heute.“

Weihnachten

Heiligabend war Birgit den ganzen Tag damit beschäftigt, ihr Gedicht perfekt auswendig zu lernen, denn sie hoffte auf viele Geschenke. Ins Wohnzimmer durfte sie nicht, vermutlich weil dort der Tannenbaum geschmückt wurde. Sie versuchte durch das Schlüsselloch einen Blick auf den Baum zu erspähen, aber Vater hatte ein Tuch davor gehängt.

In der Küche war sie auch nicht erwünscht, weil Mutter das Essen vorbereitete. So schloss sie sich im Badezimmer ein, um das Gedicht zweimal zur Probe laut aufzusagen. „Advent, Advent, ein Lichtlein brennt. Erst eins, dann zwei, dann drei, dann vier, dann steht das Christkind vor der Tür."

Applaus kam nicht, aber ein Plätschern aus der Badewanne. Ein recht großer seltsamer Fisch schwamm etwas unruhig hin und her. Birgit freute sich, vermutlich hatte sie das Geschenkeversteck der Eltern gefunden: ein Aquarium, das war ihr Herzenswunsch! Wenngleich sie sich eigentlich etwas kleineres mit bunten Fischen gewünscht hatte. Sie versuchte dennoch, den neuen Mitbewohner zu streicheln, der allerdings ein wenig apathisch wirkte.

Endlich ging es im Wohnzimmer nach den Weihnachtsgesängen der Erwachsenen zur Sache. Das Aufsagen des Gedichts gelang Birgit perfekt! Merkwürdig nur, dass es zur Bescherung kein Aquarium gab, sondern nur ein Kasperletheater mit Hänsel und Gretel.

Schließlich klatschte Mutter mit den Händen. „Weihnachtsessen! Alle zu Tisch!"

Vater erspähte als Erster sein Essen. „Ah, unser Außenbordkamerad."

Birgit bekam als Letzte mit, was serviert wurde: der neue Mitbewohner aus der Badewanne, der sich jetzt mit starrem Blick präsentierte.

Mutter klatschte wieder in die Hände. „Karpfen blau. Guten Appetit!"

Birgit rührte keinen Bissen vom Karpfen an. Aber sie musste so lange am Tisch sitzen bleiben, bis alle aufgegessen hatten.

Ein Gedicht aufzusagen gehörte für viele Kinder zu Weihnachten.

An Silvester verkleideten sich Groß und Klein.

Silvester

An einem Silvesterabend Ende der 50er-Jahre durften wir gleich nach dem Bleigießen mit Eltern und Großeltern Fernsehen schauen. Eine langweilige Stunde Jahresrückblick: Fidel Castro wird kubanischer Diktator, Heinrich Lübke neuer Bundespräsident. Beide Namen waren uns unbekannt und Vater schaltete den Fernseher wieder aus. Da wir wenig Lust auf die angekündigte Operette hatten, war uns das ganz recht.

Es wurde dennoch ein besonders schönes Silvester, weil viele von uns erstmals bis zum Feuerwerk aufbleiben durften, auch wenn es recht spärlich ausfiel. Offenbar hatten die meisten Menschen nach wie vor die Nase voll von der Ballerei in den letzten beiden Kriegen.

Nach dem Feuerwerk wurde schnell auf die Jahrzehntwende angestoßen, bevor wir ins Bett geschickt wurden. Dennoch, wir waren überglücklich. Endlich waren die meisten Kriegsfolgen vergessen und die tristen 50er-Jahre schienen überwunden. Uns stand vermutlich ein tolles neues Jahrzehnt bevor. Wir träumten von rasanten technischen Entwicklungen. Bestimmt würde sich spätestens im Jahr 2000 jeglicher Autoverkehr in der Luft abspielen, da waren wir uns sicher. Nur an Farbfernsehen, daran glaubten wir nicht. Zufrieden schlummerten wir ein.

Chronik

1960 – 1964

14. Mai 1960
Das Kieler Fernsprechnetz wird an den Selbstwählferndienst angeschlossen.

28. Mai 1960
Das Kieler Schullandheim in Sankt Andreasberg im Harz wird eingeweiht.

14. Februar 1961
Bei Bauarbeiten am Schlosspark stoßen Arbeiter auf menschliche Überreste. Bei den folgenden Ausgrabungen offenbart sich, dass es sich bei dem Fundort um einen mittelalterlichen Pest-Friedhof (um 1350) handeln muss.

13. Februar 1961
Der bei den Kriegszerstörungen stehen gebliebene Nordturm des Kieler Schlosses wird gesprengt.

8. Juni 1962
Das NDR-Fernsehstudio Kiel wird eingeweiht.
Die Holsten-Brauerei AG feiert den einmillionsten Hektoliter Holsten-Bier mit einem Tag der offenen Tür.

14. November 1963
Die Friesenbrücke auf dem Westring wird für den Verkehr freigegeben.

27. Januar 1964
Der letzte Oberleitungsbus der KVAG nach Kiel-Elmschenhagen wird auf Diesel umgestellt.

28. Februar 1964
Gründung des Live-Clubs „Starpalast" in den ehemaligen Karlstal-Lichtspielen nach dem Vorbild des Hamburger Star-Clubs.

4. Juni 1964
Die ehemalige Marine-Arrestanstalt in der Feldstraße, die 1918 eine zentrale Rolle im Kieler Matrosenaufstand gespielt hatte, wird gesprengt.

1. August 1964
Die Stadt Kiel schließt ihren ersten Städtepartnerschaftsvertrag mit der französischen Stadt Brest.

Als Kinder haben wir uns gerne verkleidet und ahmten die Erwachsenen nach.

Schulwechsel

In der 4. Klasse der Volksschule stand für uns das „Grundschulabitur" an. Wer eine Mittelschule oder eine Oberschule besuchen wollte, musste sich einer Aufnahmeprüfung unterziehen: Rechnen, Aufsatz und Diktat. Konrad war überglücklich, als er die Empfehlung seiner Klassenlehrerin für den Besuch eines Gymnasiums bekam.

Aber wohin? Nach Wellingdorf auf dem Ostufer oder nach Kiel, wie die Gaardener das Westufer nannten? Beide Oberschulen waren mit der Straßenbahnlinie 4 gut zu erreichen, eine Fahrt kostete 40 Pfennig. Letztendlich wurde es die Max-Planck-Schule am Winterbeker Weg. So hatte es Konrad als einer der ganz wenigen Ostuferschüler auf ein Westufer-

Flötenunterricht in der Schule, andere Instrumente gab es nicht. Das Klavier im Hintergrund wurde vermutlich nur bei besonderen Anlässen aufgedeckt.

Gymnasium geschafft. Im Nachhinein betrachtet, werden vermutlich seine für Gaardener Verhältnisse wohlhabenden Eltern in irgendeiner Form nachgeholfen haben.

Konrad hat nie die neidvollen Blicke seiner Mitschüler von der Hans-Christian-Andersen-Schule in Gaarden vergessen, denen diese Möglichkeit verwehrt blieb. Das Geld war immer noch knapp und in vielen Familien sah man, gerade bei den Mädchen, keinen Sinn in einer langen Ausbildung. Sie sollten möglichst schnell heiraten, Kinder kriegen und sich um Haushalt und Familie kümmern. Die Jungen wiederum sollten mit einer Lehre zum Familieneinkommen beitragen.

Flucht in die Ostzone

Wir bekamen mit, dass einzelne Erwachsene bei Nacht und Nebel in die Ostzone flüchteten. Die Gründe kannten wir nicht. Eine davon war die Mutter eines Freundes, dessen Vater als Nietenbobby bei Howald arbeitete. Vielleicht hat er

Blick über die Jahnschule (unten) und die Max-Planck-Schule (oben) am Winterbeker Weg zur Melanchthonstraße. Im Bild rechts die Kleingärten an der Moorteichwiese, 1965.

Unterwegs.

seine Frau zu wenig beachtet. Aber dann war sie plötzlich wieder da. Uber die Angelegenheit durfte nicht gesprochen werden und so wagte keiner nachzufragen.

Ein Jahr später flüchtete die beste Freundin einer Mutter ebenfalls in die Ostzone. Eine schöne Frau, die blieb. Beim Abendbrot wurde das Thema besprochen.

„Du, die blonde Lieselotte, die soll auch in die Ostzone geflüchtet sein."

Den Vater schien das Thema nicht sonderlich zu interessieren. „Die Lieselotte hatte immer blaue Augen und das war keine Schminke. Die Treppe wird sie kaum heruntergefallen sein. Das ist doch kein Wunder, wenn sie abhaut, wenn man einmal die Woche verprügelt wird."

Wir verstanden das nicht. „Dürfen Männer denn Frauen überhaupt verprügeln, Papa?"

Vater zog eine ernste Miene. „Nur wenn sie es verdient haben, mein Sohn."

Dem Jungen entging nicht, dass Mutter ein unglückliches Gesicht zog. Besser, er hielt jetzt die Klappe.

Gleichberechtigung

Männer und Frauen haben die gleichen staatsbürgerlichen Rechte und Pflichten, so steht es im Grundgesetz. Aber erst im Mai 1957 vollzieht der Deutsche Bundestag mit dem „Gesetz über die Gleichberechtigung von Mann und Frau auf dem Gebiet des bürgerlichen Rechts" (Gleichberechtigungsgesetz) den erforderlichen Schritt zur Änderung aller Gesetze, die im Widerspruch zum Grundgesetz stehen. Am 1. Juli 1958 tritt dieses Gesetz in Kraft. Damit ist endlich der Weg zur Durchsetzung der Gleichberechtigung von Mann und Frau frei. Ehemänner sind von nun an nicht mehr in sämtlichen Ehe- und Familienangelegenheiten entscheidungsbefugt. Trotzdem wird es noch sehr lange dauern, bis Ehefrauen über ihr Leben entscheiden dürfen. Die Forderung nach gleichem Lohn für gleiche Arbeit für Frauen und Männer ist bis heute gültig.

Vorurteile

Birgit kannte Konrad schon länger aus der Nikolaikirche, von den Gottesdiensten zu Ostern und zu Weihnachten. Sein Vater war ein sehr gläubiger Mensch und die Kinder mussten immer mit, während die Mutter das Mittagessen zubereitete.

Eines Tages kam Konrad nach der Kirche erstmals mit seinem Vater zu Besuch. Er sah Birgit ein wenig zu verweichlicht aus, spindeldünn. Schüchtern, keine Körpersprache, ein echter Milchbubi eben. Dennoch, irgendwie mochte sie ihn. Obwohl er auf dem Ostufer in Kiel-Gaarden wohnte, das war für sie ein Rattennest.

Ansonsten ist dieser Konrad für Birgit eigentlich ein freundlicher Junge, er sieht auch nicht schlecht aus. Aber er versteht die moderne Zeit nicht. Vermutlich ein Träumer, der seiner Ostuferwelt verhaftet bleiben wird. Er sollte irgendwann einmal aufwachen und auf das Westufer ziehen.

Bis dahin würde Birgit aber vermutlich schon die Auswahl zwischen mehreren Millionären haben. Dollar, Mark oder Krone, das war ihr herzlich egal. Dann würde sie sich elegante Schuhe leisten und diese neuen schicken Nylonstümpfe von Tilly. Für den Winter einen Pelzmantel und eleganten Schmuck. Jetzt galt es nur noch, möglichst schnell älter zu werden!

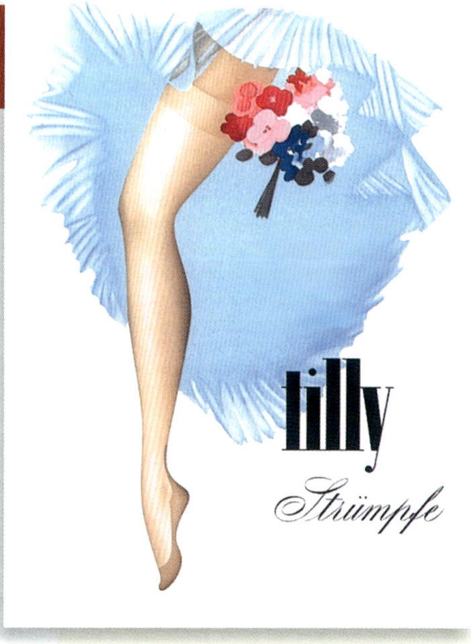

Reklameposter der Tilly GmbH.

Die Strumpffabrik Tilly

Noch viele Jahre nach dem Zweiten Weltkrieg Krieg sind Gebiete der alten Werften und Betriebe am Kieler Hafen von den Engländern nicht freigegeben. Auf Initiative des sozialdemokratischen Bürgermeisters Andreas Gayk siedeln sich auf dem Ostufer, dem Gelände der ehemaligen Rüstungsindustrie, Hersteller von Möbeln, Talkum-Austauschstoffen, Garnen, Textilien, Marzipan, Dosen, Marmeladen, Registrierkassen, Radargeräten und

Fernsehern an. Aber diese neue Friedensindustrie bringt nicht genügend Arbeitsplätze.

Die von dem sächsischem Unternehmer Weidmüller 1951 gegründete Strumpffabrik gehört auf dem weitgehend geräumten Werftgelände zu den ersten Betrieben, die sich erfolgreich ansiedelten. Allerdings ist das Unternehmen stark von der Mode und dem Markt abhängig. Kapitalmangel des schnell wachsenden Betriebes Weidmüller GmbH führt dazu, dass die Gesellschaftsanteile 1953 zunächst von den bundeseigenen Deutschen Werken übernommen werden und die Firma in Tilly GmbH umbenannt wird. 1954 wird die Tilly-Strumpffabrik schließlich von den Elbeo-Werken übernommen und damit als eine der ersten Firmen nach dem Krieg auf dem ehemaligen Werftgelände privatisiert.

Originalkittel.

Monatlich werden mehr als sechs Millionen Strümpfe und Strumpfhosen produziert. Die Tilly GmbH kann sich bis in die 70er-Jahre auf dem Gelände der ehemaligen Waffenschmiede halten, bis sie wegen der Konkurrenz durch Billigprodukte aus Importländern schließen muss.

Feine Strümpfe

Marina Lau stammt aus einer Familie, in der einige bei Tilly beschäftigt waren. Sie berichtet: „Mein Großvater Werner Remitzschka begann unmittelbar nach Öffnung der Tilly-Strumpffabrik Anfang der 50er-Jahre als Strumpfwirker zu arbeiten, und zwar bis zur Schließung des Werkes 1977.

Mein Großvater Werner Remitzschka 1952 bei der Arbeit als Strumpfwirker.

Ich selbst habe leider keine größeren Erinnerungen mehr an diese Zeit im Gegensatz zu meiner Mutter, die 1965 eine sehr ausführliche Schularbeit zur Tilly-Strumpffabrik verfasst hat. Dort wird auf etlichen Seiten der Weg vom Perlonfaden bis hin zum fertigen Damenstrumpf beschrieben.“

Es geht voran!

Allmählich ging es den Familien finanziell besser und in den 60er-Jahren konnte sich so mancher sogar ein neues Auto leisten. Konrads Vater legte ordentlich nach, als er Anfang 1962 den ollen VW Käfer in Zahlung gab und einen nagelneuen Opel Olympia Rekord Caravan kaufte – mit Panoramascheiben und Heckflossen nach dem Vorbild US-amerikanischer Fahrzeuge! Das neue Fahrzeug bot die optimale Verbindung von Privat- und Firmenwagen mit einer hohen Zuladungsmöglichkeit. Nun konnten nicht nur mehr Tapetenballen und Farben ausgeliefert werden, selbst die drei Kinder durften auf der gepolsterten Rückbank Platz nehmen. Das war für sie Luxus pur nach den vielen wilden Fahrten im Kohlenkasten des VW Käfers.

Immer häufiger begleitete Konrad seinen Vater bei den Tapetenauslieferungen und so bekam er immer mehr vom wiederaufgebauten Kiel zu sehen, unter anderem auch das neu errichtete Hauptpostamt am Stresemannplatz. Dort herrschte so viel Autoverkehr, dass sogar eine Verkehrskanzel errichtet wurde, von der aus ein Polizist alles mit einem weißen Stock regelte. Ein beruhigendes Gefühl. Alles schien in Ordnung zu sein.

Aber warum man ab dem Café Fiedler die gesamte Holstenstraße sperrte und nur noch Fußgänger zuließ, verstand er nicht. Schließlich musste Vater Tapeten und Farben pünktlich anliefern. Wenigstens bei Tapeten Jansen in der Andreas-Gayk-Straße konnte man über die Fabrikstraße auf den Hinterhof fahren.

Die Zahl der Wohnwagen stieg mit dem zunehmenden Autoverkehr in den 60er-Jahren.

„She loves you“

Immer wieder fummelte sein Vater an dem Autoradio herum, eine großartige neue Erfindung. Trotz vielem Rauschen erklang nach deutscher Ansage ein englischer Song: „She Loves You“. Beatles oder so hieß die Kombo. Das Lied begeisterte Konrad, während sein Vater stinksauer wurde. „Wieso dürfen die Tommys eigentlich englische Lieder im deutschen Radio trällern? Die werden vermutlich Deutsche Mark für die Ausstrahlung bekommen.“

Konrad hatte keine Ahnung, aber er fand das Lied toll. Sein Vater suchte weiter ohne Unterlass nach deutschem Liedgut und fand irgendwann einen passenden Sender. „Sie liebt Dich.“ Aber war das nicht die gleiche Band wie vorher, nur dass sie auf Deutsch sang? Ja, es waren die Beatles. Den Namen würde er sich merken.

Ziegelteich mit Kandelaber und Blick auf die Ostseehalle, 1965.

Die Beatles und die Stones

Das erste offizielle Beatles-Album heißt „Please Please Me“ und erscheint im März 1963 mit in einem Studio produzierten Versionen aus ihrem Live-Repertoire. Das Album steigt bis Jahresende 1963 schnell an die Spitze der europäischen Hitlisten.
Ein erstes Treffen der Beatles mit den seinerzeit noch unbekannten Rolling Stones gibt es im April 1963, woraufhin John Lennon und Paul McCartney den Stones die Komposition „I wanna be your Man“ überlassen. Die Single der Stones erreicht immerhin Platz 12 der britischen Hitparade.
Mit ihrer explosionsartig steigenden Bekanntheit macht den Beatles die ekstatische und außer Kontrolle geratene Verehrung durch weibliche Fans zu schaffen, die nach Veröffentlichung der nächsten Single „She loves you“ im August 1963 ungeahnte Ausmaße erreicht. Die Single wird mehr als 1,6 Millionen Mal verkauft und die Beatles können Konzertsäle oder Arenen nur noch unter starkem Polizeischutz aufsuchen. Diese Hysterie der vorwiegend außer Rand und Band geratenen kreischenden weiblichen Fans wird von Presse und Rundfunk als „Beatlemania“ bezeichnet.
So müssen sich die Beatles in Birmingham als Polizisten verkleiden, um aufgedrehten Fans zu entkommen. In Plymouth gelingt nur knapp die Flucht durch das Kanalsystem, während die Polizei auf den Straßen Wasserwerfer einsetzen muss.
Ende November 1963 folgt aus dem zweiten Studioalbum „With the Beatles“ die Single „I want to hold your hand“, für die es allein in England eine Million Vorbestellungen gibt. Bis 1967 schießt jede Single der „Fab Four“ auf Platz 1 der Hitparade.

Beim Jahrmarkt auf dem Wilhelmplatz gab es viele Attraktionen. Das Foto entstand in den 60er-Jahren.

Wilhelmsplatz

Endlich wieder Jahrmarkt auf dem Wilhelmsplatz! Wir waren gemeinsam mit den Eltern unterwegs. Die Mutter zog es zu den Zuckerbuden, aber der Vater drängte die Familie zur Steilwand, seinerzeit neben dem Jahrmarktboxen eine der großen Attraktionen. Eine von außen begehbare Zylinder-Wandung einer großen Holztrommel wurde innen von einem oder mehreren Motorrädern befahren. Es stank aber ziemlich fies nach den Abgasen, das war nicht so nach unserem Geschmack. Da hielten wir es eher mit den Zuckerbuden der Mutter, die ordentlich mit ihrem Mann herumschimpfte.

So ging es also endlich zu einer Zuckerbude. Beim Naschen durften sich die Kinder sogar etwas wünschen. Der eine wollte gerne in den Flohzirkus, was Vater und Mutter sofort ablehnten, auch wenn sie sich ansonsten nicht immer einig waren. Die große Schwester hatte offenbar so viele Wünsche, die nicht erfüllt werden konnten, dass sie heulend nur noch nach Hause wollte.

Beatmusik

Da entdeckte der Bruder eine größere Jahrmarktbude, wo der Auftritt der Beatles angekündigt wurde. Als er darauf hinwies, hörte seine Schwester sofort auf zu heulen. „Die Beatles!“

Mit Vehemenz zog das Mädchen die Familie zum Jahrmarktschuppen und der Vater musste genervt fünf Eintrittskarten lösen. Drinnen gab es lediglich eine

Selbst bei schlechtem Wetter war der Jahrmarkt in den 60er-Jahren gut besucht.

kleine Bühne. Irgendwann purzelten vier dämliche Marionetten mit langen Haaren herunter, die beim Beginn des Lieds „She loves you, yeah, yeah, yeah" zu zappeln begannen. Der Vater war genervt. „Engländer, die haben Kiel zerbombt. Raus hier!"

Nun gut, das Gelbe vom Ei war die Puppenshow nicht, aber die Beatmusik fanden wir klasse. Davon würden wir gerne mehr hören und Englisch war ja für die, die in der MIttelschule oder auf dem Gymnasium waren, gerade angesagt.

Wintermärchen 1963

Die Förde war von Anfang Januar bis Ende März zugefroren. Wir haben die Kälte genossen! Schon morgens hatten wir die Schlittschuhe dabei, denn gleich nach der Schule trafen wir uns alle bei meist strahlendem Sonnenschein auf dem Kleinen Kiel zum Schlittschuhlaufen. Irgendwann gab es da auch eine Bude mit Würstchen und Glühwein. Die war etwas hinderlich, wenn wir Kolumbus spielten, wie wir es nannten, wobei immer mehr Leute die anderen fangen müssen.

Aus meinem Tagebuch

Tatsächlich gab es einige Mädchen, die Tagebuch führten, und was für ein Glück, wenn die Notizen bis heute sicher verwahrt worden sind. Gabriele Schreib hat den Wintereinbruch 1963 festgehalten.

15. Januar 1963: „Die Oslofähre Kronprinz Harald liegt völlig vereist am Kai. Ob die noch fährt? Dann fuhren meine Freundin Gudrun und ich mit dem Bus zur Bellevue-Brücke. Die ist zwar immer noch gesperrt, aber wir waren (mit Fotoapparat) doch drauf. Auf den kleinen Seitenbrücken liegt meterhoch Packeis aufeinandergestapelt, da bin ich eine Weile drauf rumgekraxelt. War prima! Dann gingen wir nach vorne, da war das toll! Die ganze Plattform war hochgehoben! Sah toll aus! Wir sind da vorne über die Eisberge geklettert und sind aufs Eis gegangen! War prima, auch gar nicht gefährlich. Die Dampfer fahren übrigens nicht mehr!"

5. März 1963: „Also gerade jetzt, wo es so richtig nett wurde (beim Schlittschuhlaufen auf dem Kleinen Kiel), wird es Frühling! Es ist 3mal Schiete! Nicht, dass ich was gegen den Frühling habe, nur – mir hat der Winter in diesem Jahr viel Spaß gemacht. Schade, aber naja, der Sommer (und auch der Frühling) ist ja auch sehr schön. Ich habe gerade gelesen, dass der Sommer ‚brüllend heiß' sein werde – da können wir ja hoffen! Aber auf eiskalte Winter folgen meist knallheiße Sommer! Wollen wir hoffen, dass das stimmt ...!"

Der Winter 1963 war sehr kalt, schneereich und die Kieler Förde war zugefroren.

Lehrlingszeiten

1958 säumten Zehntausende von Schaulustigen den Seegarten vor dem Kieler Schloss beim Stapellauf der Olympic Challenger des Reeders Aristoteles Onassis und Hein stand als stolzer kleiner Buttjer in kurzen Hosen mittendrin im Getümmel. Später dann ergatterte Hein einen der äußerst begehrten Ausbildungsplätze bei Howaldt. Von diesem Zeitpunkt an hatte er im Betrieb auch eine bessere Sicht auf die vielen Stapelläufe, die noch folgen sollten.

Der Tanker Olympic Challenger des Reeders Aristoteles Onassis im Bau auf der Howaldtwerft, 1958.

Bei den Schiffstaufen floss Korn und Bier in Strömen. Hinterher ging es zum Abfeiern zu Minna Runge in ihr Tanzetablissement, keine hundert Meter vom Werfttor entfernt. Mancher Kollege kroch von dort aus frühmorgens gleich wieder zur Arbeit, ohne sein Bett gesehen zu haben. Dafür war mitunter der gesamte Wochenlohn weg.

Plattengeschäft

Im Frühjahr entschied sich Konrad, eine Schallplatte der Beatles zu kaufen, auch wenn es seinem Vater vielleicht nicht gefallen würde. Aber wo in Gaarden? Vielleicht bei Radio Westphal in der Elisabethstraße, die auch Elektrogeräte jeglicher Art feilboten? Einen Versuch war es wert.

Konrad hatte ein Fünfmarkstück in der Tasche, als er den Laden betrat. Er staunte, als er eine Bar mit Telefonhörern entdeckte, mit denen man vor dem Kauf Schallplatten hören konnte. Konrad setzte sich auf einen Barhocker und nahm einen der Hörer ans Ohr, woraufhin eine Bedienstete (ja, die Angestellten waren seinerzeit meistens weiblich) die von ihm gewünschte Schallplatte auflegte: „I want to hold your hand."

Konrad war vom Beatle-Fieber ergriffen. Allerdings sollte die Single stolze 4,50 Mark kosten. Aber seinen Heiermann wollte er nicht gleich verprassen und so kaufte er von Trini Lopez die Single „If I had a hammer" – die war für 1,99 Mark im Angebot – um den Plattenspieler am Tonabnehmer-Anschluss im Radiogerät zu nutzen. Und es funktioierte, auch mit der hohen Geschwindigkeit von 45 Umdrehungen in der Minute.

Von nun an war es Konrad möglich, durch die Verbindung von Plattenspieler und Radio jederzeit zu hören, was er wollte. Nach vielen Beatles-Scheiben folgten die Rolling Stones und die Kinks. Und viele andere mehr, aber das ist ein Kapitel für sich.

Die Holtenauer

Seit der Ernennung Kiels zum Reichskriegshafen entwickelt sich die Holtenauer Straße zu einer der wichtigsten Verkehrsachsen. Der untere Bereich zum Dreiecksplatz hin galt schon zur Kaiserzeit als moderne Einkaufsstraße, während die Bebauung zwischen Belvedere und der Wik lückenhaft blieb.
Vor allem der Wiederaufbau des stark kriegszerstörten unteren Bereichs an der Klagemauer gilt städtebaulich als vorbildlich für eine attraktive Einkaufsstraße mit urbanem Charakter und einem bunten Mix aus Fachgeschäften, Restaurants, Theater und Kino. Heute ist „Die Holtenauer" mit etwa vier Kilometer Länge eine der längsten Kieler Straßen und gilt insbesondere auf dem Abschnitt von der Esmarchstraße bis hin zum Dreiecksplatz mit dem Studio-Kino als Flaniermeile. Kaum ein Bereich der Stadt ist besser mit öffentlichen Verkehrsmitteln zu erreichen.
Der Gewerbeverein „Die Holtenauer" verfolgt den Zweck, die Attraktivität des Quartiers Holtenauer Straße zu steigern. Zu den Maßnahmen gehört es, die Aufenthaltsqualität in der Straße zu erhöhen und als Erlebnisraum Holtenauer Straße zu gestalten.

Die Holtenauer Straße Ende der 60er-Jahre.

Rudolf Hell führt seinen Wetterkartenschreiber vor.

Papa Hell

Gestartet hatte der in Bayern geborene Ingenieur Rudolf Hell seine erste Technikschmiede kurz nach dem Kriegsende 1947 in Kiel-Dietrichsdorf. 1956 gründete er die Firma Dr. Ing. Rudolf Hell KG und 1961 das Hell-Werk II in Kiel-Gaarden. Seine bahnbrechendste Erfindung war die Datenfernübertragung (DFÜ). Vielen Menschen sind Faxgeräte heute noch ein fester Begriff, Älteren ist vielleicht sogar der Hell-Wetterschreiber in Erinnerung.

Warum? Nun, wenn wir heute die vielfältigen Darstellungen des Wetters von morgen auf dem Flatscreen verfolgen, dann sollte man wissen, dass die Wiege dieser Wetterbilder in Kiel stand. Hells Erfindung der telefonbasierten Datenfernübertragung zog mit den von seiner Firma produzierten Fernschreibern in jedes moderne Büro ein. Ein weiterer Knüller aus dem Hause Hell war die Gravur-Technologie, die mit dem ebenfalls telefonbasierten Klischografen den Zeitungsdruck revolutionierte.

Aber genial sein und erfinden allein reicht nicht, um Erfolg zu haben. Hell war zudem ein kluger Kaufmann und zielstrebiger Unternehmer. In seinem Betrieb war er allerdings auch der Herrscher aller Reußen, wie die ehemalige Angestellte Cornelia Leymann berichtet. Einmal soll er einen Mitarbeiter gefeuert haben, als er ihn mit den Füßen auf dem Tisch erwischt hatte. Wenn er jemanden befördern wollte, dann beförderte er ihn, und wenn er jemanden rausschmeißen wollte, dann tat er es. „Das hier ist mein Laden, da bestimme ich, basta."

Dazu passt, dass Dr. Hell partout keinen Betriebsrat in seinem Unternehmen dulden wollte, aber er konnte nicht verhindern, dass es einen gab. Es machte seinerzeit ein Wort von Dr. Hell die Runde: „Ihr braucht bei mir nicht um eure Lohnerhöhung kämpfen. Wenn Gewerkschaften für ihre Leute 6 % rausholen, dann gebe ich euch 10 % Lohnerhöhung. Jedenfalls, wenn ihr schön lieb bleibt."

Na klar, alle blieben schön lieb, insbesondere der Betriebsrat, denn dem wäre von den eigenen Kollegen gehörig auf die Finger geklopft worden. Also blieb man dem Chef gegenüber loyal, denn man wusste sich bei ihm in guten Händen und alle waren stolz, bei der Firma Hell arbeiten zu dürfen.

Flaniermeile

Ihren Mittelschulabschluss hat Anna letztes Jahr auf der Annette-von-Droste-Hülshoff-Schule am Brook in Gaarden recht gut hinbekommen. Da ihre Eltern eine Drogerie mit Tapeten- und Farbenhandel führten, die sie später einmal übernehmen soll, hat sie sich zu einer Lehre als Drogistin überreden lassen. Ihr Vater hat ihr in der Drogerie von Anders von Bergen eine tolle Lehrstelle auf dem Westufer in der Holtenauer Straße besorgt.

Mit der Straßenbahnlinie 4 gestaltete sich An- und Abfahrt recht angenehm. Am meisten begeisterte Anna neben dem tollen Parfümeriebereich das elegante Publikum auf dieser beliebten Kieler Flaniermeile, die ihr lieber als die Holstenstraße mit den vielen Kaufhäusern war. Gerade bei Sonnenschein spazierten zahlreiche modisch gekleidete Sonnenhungrige die Holtenauer Straße auf und ab. Nicht nur unbedingt, um einzukaufen oder Bekannte zu treffen, sondern um Menschen kennenzulernen, vorzugsweise vom anderen Geschlecht. Durch das an der Holtenauer Straße liegende Kieler Schauspielhaus lernte Anna auch viele Künstler kennen.

Unser Schulalltag

Viel Abwechslung im Schulalltag hatten wir in den 1960ern auf dem Kieler Ostufer noch nicht: morgens pünktlich viertel vor Acht gewaschen und gekämmt in der Schule sein, mittags das im Kachelofen oder auf dem Herd gewärmte

35 Kinder in einer Klasse waren nicht nur in der Gustav-Friedrich-Meyer-Schule die Regel.

Die Besichtigung der Gorch Fock war für jeden Kieler Jungen ein Erlebnis.

Essen herunterschlingen und anschließend fix zur Musik aus dem Radio die Hausaufgaben erledigen. Danach ging es mit den Freunden auf die Straße in die große Freiheit: Fahrradfahren, Gummitwist und Kantsteinball waren unser Zeitvertreib. Wer sich traute und nicht erwischen ließ, stromerte in der Dunkelheit über die Hinterhöfe oder die Kleingärten hinter den Wohnblocks. Aber meist wurde man jäh durch den Ruf der Mutter, die zum Abendessen rief, aus dieser Freiheit herausgerissen.

Zunächst beschränkte sich unser Tatendrang weitgehend auf die nähere Umgebung unserer alten Grundschule. Heimlich und in den Schulpausen von den Lehrern hoffentlich unbemerkt, schlichen wir uns davon zum Gartenhäuschen von „Tante Elli". Dort konnten wir Naschis und anderes Gedöns von unserem kleinen Taschengeld kaufen. Das war ein wahres Schlaraffenland für uns. Der eine oder andere kaufte sich auch schon die lose zum Verkauf angebotenen Zigaretten, was natürlich keiner wissen durfte. Bald gab es jedoch erste Schulausflüge auf das Westufer, zunächst um Schiffe zu besichtigen.

Prügelpädagogik

Nur wenige von uns besuchten ein Gymnasium und nur ganz wenige dieser Kinder stammten aus einfacheren Verhältnissen oder lebten im „falschen" Stadtteil. So richtig willkommen fühlten sie sich auf dem Gymnasium nie, sie wurden immer als Außenseiter behandelt. Herkunft zweiter Klasse, vom Ostufer

Chronik

1965 – 1969

24. April 1965
Auf der Straßenbahnlinie 3 (Hassee-Eichhof) fährt die letzte Straßenbahn; sie wird auf Busbetrieb umgestellt.

3. Februar 1966
Eröffnung der Tanzschule Mäser im Papenkamp 4–6.

28. März 1966
An der Staatlichen Ingenieurschule in der Legienstraße wird ein Kernreaktor für Unterrichtszwecke in Betrieb genommen.

10. Juni 1966
Das erste dreistellige Kieler Nummernschild (KI-AA 100) wird vergeben.

9. September 1966
Die MaK (Maschinenbau Kiel) übergibt die ersten Bergepanzer an die Bundeswehr.

26. September 1966
Im neu erbauten Kieler Stadtteil Mettenhof ziehen die ersten Mieter ein.

4. Dezember 1966
Die Schwimmhalle in Gaarden wird eröffnet.

27. Mai 1967
Bejubelter Auftritt von Jimi Hendrix im Gaardener Starpalast.

31. Januar 1968
Schüler und Lehrlinge legen aus Protest gegen eine Fahrpreiserhöhung in der Innenstadt den KVAG-Nahverkehr lahm.

27. Januar 1969
Studierende versuchten, das 2. Kieler Polizeirevier in der Falckstraße zu stürmen, um gegen Fälle von Polizeigewalt zu protestieren.

30. April 1969
In der Ostseehalle wird die Hausfrau des Jahres 1969 gekürt.

eben. Seitens der Lehrerschaft herrschte ein richtiger Kommisston vor. „Was für ein Gestank. Schnell die Fenster auf, den Hecht rauslassen."

„Kaulquappe", der Englischlehrer, meinte bei jedem Fehler: „Come along, boy." Und dann setzte es eine schallende Ohrfeige.

Zeichenlehrer 1 dagegen drehte gerne so lange gnadenlos an den Ohren, bis der Zögling am Boden lag. Zeichenlehrer 2 schlug bei jedem falschem Strich mit einem Metalllineal hart auf die Finger.

Der goldene Schlagring

Vermutlich hätten wir nicht so unter diesen Maßnahmen leiden müssen, wenn es Mädchen auf der Schule gegeben hätte. Stattdessen flog ein Mitschüler sogar von der Schule. Er war als Kartenordner für den Erdkundeunterricht eingeteilt. Zunächst ein großes Glück für ihn, weil er damit zu Anfang jeder Erdkundestunde beschäftigt war. Als der Mitschüler eines Tages endlich die richtige Erdkundekarte herausgefischt hatte und sich auf dem Weg zu seinem Klassenraum machte, wurde unserem Mathelehrer „Knuffi" auf dem Schulhof von der Schülerzeitung „Underground" der Goldene Schlagring überreicht, eine Auszeichnung für den schlimmsten Prügellehrer in der Bundesrepublik.

Nicht ganz unverdient, denn wenn man auf 17 mal 18 nicht schnell genug eine Antwort geben konnte, gab es von „Knuffi“ sofort heftige Schläge mit den Fingerknöcheln seitwärts in die Rippen.

Am Ende des Schuljahres sind alle sechs Schüler, die sich aus unterschiedlichen Gründen bei der Übergabe des Goldenen Schlagrings auf dem Schulhof befanden, von der Schule geflogen. Auch der unbeteiligte Kartenordner aus unserer Klasse.

Jochen Steffen auf einer Wahlkundgebung der SPD gemeinsam mit Willy Brandt.

Kuddl Schnööf

Der im hohen Norden beliebte Politiker Jochen Steffen studiert an der Kieler Christian-Albrechts-Universität Literaturwissenschaft, Philosophie, Psychologie und Soziologie, allerdings ohne Abschluss. Danach arbeitet Steffen als Redakteur vorwiegend in der SPD-Presse (Kieler Volkszeitung, Flensburger Presse und andere).
1954 wird er zum Vorsitzenden der Jungsozialisten Schleswig-Holstein und 1965 zum Vorsitzenden der SPD in Schleswig-Holstein gewählt. Der „rote Jochen“, so genannt nicht nur wegen seiner Haarfarbe, wie er augenzwinkernd sagte, sondern wegen seines „linken“ politischen Standorts, setzt sich früh für Naturschutz und gegen Kernkraftwerke ein. Zweimal tritt Steffen erfolglos als Kandidat für das Amt des Ministerpräsidenten von Schleswig-Holstein an (1967 und 1971).
Nach der Wahlniederlage 1971 gegen Gerhard Stoltenberg (CDU) zieht sich Jochen Steffen schrittweise aus der Politik zurück. 1973 legt er den Vorsitz der SPD-Fraktion im Kieler Landtag nieder.
Nach seiner Tätigkeit als Politiker wirkt der Kieler Jochen Steffen erfolgreich als Kabarettist Kuddl Schnööf, weil er vieles ausspricht, was verpönt ist. Bis zu seinem Tod lebt er in Kiel-Holtenau.

Pastor Hoff

Nun begann für uns der Konfirmationsunterricht. Dort ging es absolut friedlich zu, zumal das weibliche Geschlecht in ähnlicher Anzahl vertreten war. Während der liebe Pastor mit gläubigem Blick zur Decke aus dem alten und neuen Testament lehrte, schielten die Jungs ziemlich unverhohlen zu den Mädchen und machten Faxen, wobei die jungen Damen sich über diese unerwartete Aufmerksamkeit sichtbar geschmeichelt fühlten. So machte Unterricht (jetzt gewaltfrei) tatsächlich Spaß.

Gottes Segen

Nach zwei Jahren Kirchenunterricht stand für uns endlich die Konfirmation an. Alle Konfirmanden saßen festlich gekleidet in der Kirche. Wir Jungen trugen einen eleganten schwarzen Anzug mit einem weißen Einstecktuch. Das schneeweiße Hemd krönte eine schwarze Fliege. Die Mädchen trugen brav ihr Sonntagskleid, einige aber schon Nylonstrümpfe und Stöckelschuhe.

Nach dem Ende des normalen Gottesdienstes wurden wir einzeln vom Pastor aufgerufen und empfingen den Segen durch Handauflegung sowie einen biblischen Konfirmationsspruch, der uns weiter durch das Leben begleiten sollte. Die meisten von uns verstanden den Spruch nicht so recht und viele werden sich kaum noch an den Wortlaut erinnern.

Konfirmation durch Pastor Wunderlich in der St.-Matthäus-Gemeinde in Kiel-Gaarden. Der Einfluss der Beatles, Stones, Kinks und der Rattles auf die Haarpracht der Konfirmanden ist nicht zu übersehen.

Schicke Konfirmanden!

Jetzt wird gefeiert

Am Abend wurde gefeiert. Einige hatten nach Hause eingeladen, andere mieteten z. B. das gesamte Obergeschoss vom Café Konditorei Fiedler. Die riesige um das Gebäude herumlaufende Glasfront im ersten Stock war hell erleuchtet. Dann ging es durch den Verkaufsraum im Erdgeschoss über eine elegante Treppe hoch ins Café, das mit einer graubraunen Tapete ausgestattet war. An den Wänden hingen Radierungen mit alten Kieler Motiven. Die schweren, dunkelbraunen Holzstühle waren weich gepolstert, die Tische liebevoll eingedeckt.

Kaum hatte die Familie Platz genommen, kamen schon die ersten Gäste. Die Verwandtschaft schenkte wie immer praktische Dinge wie Socken, Unterwäsche und Taschentücher, während die Freunde der Hauptperson schon mal Briefumschläge mit Geld zusteckten. Da kam natürlich Freude auf.

Es geht los

Punkt 20 Uhr begann die Konfirmationsfeier mit einem Glas Sekt und zwar für alle. Dann wurde wie immer viel geraucht und getrunken. Die meisten Gäste der Feiergesellschaft hatten sich lange nicht gesehen und so gab es einiges zu erzählen.

Plötzlich schlug Jürgens Vater mit dem Löffel an sein Sektglas. „Bitte einen Moment um Ruhe. Jürgen, hier kommt dein Geschenk.“ Dem Beifall folgte angestrengtes Gestöhne von der Treppe und wenig später asteten zwei kräftige Bäckergesellen ein Mofa hoch. Jürgen erkannte es sofort: Eine Mobylette vom französischen Zweiradhersteller Motobécane, 1 PS Leistung mit Riemenantrieb, 25 km/h schnell. Seine Freude war groß und am liebsten hätte er das neue Gefährt sofort ausprobiert. Aber der Vater hatte in das Mofa, das er bei Zweirad Krah in der Wik erstanden hatte, wegen des Transports zum Café kein Benzin einfüllen lassen. Dennoch streichelte Jürgen sein neues Gefährt liebevoll.

Am nächsten Tag fuhr der Vater Jürgen zu einem Lagerraum des Cafés, wo das Mofa über Nacht stand. Vater füllte den Tank mit einem Reservekanister auf und die wilde Fahrt konnte losgehen. Nein, Jürgen wollte nicht gleich nach Hause, sondern erst mal hinunter zum Hindenburgufer und dann entlang der Förde nach Gaarden. Am Karlstal kam er auf den abbiegenden Straßenbahngleisen ordentlich ins Schlingern, aber es ging gerade noch einmal gut.

Den ganzen Sommer über reiste Jürgen kreuz und quer durch ganz Schleswig-Holstein und genoss dieses Gefühl von Freiheit. Ein Mofa zu besitzen war für uns alle das Größte!

Mofas wie die Mobylette waren sehr beliebt bei der Jugend. Verkaufspreis 399 Mark.

A walk on the wild side

Robert als Kieler Jung vom Westufer begab sich normalerweise nicht ohne triftigen Grund auf das Ostufer, wo sich, wie ja jeder wusste, viele Rocker und andere finstere Gesellen herumtrieben. Heute aber war alles anders: Der Live-Auftritt von Jimi Hendrix im Gaardener Starpalast. 5 Mark Eintritt, das war viel Geld! Aber hätte Robert ansonsten jemals die Möglichkeit gehabt, sein Idol Jimi Hendrix live zu bejubeln?

An diesem Maiabend galt für Robert also: Nichts wie hin zu der Haltestelle der Linie 4 in der Holtenauer Straße. Die Straßenbahn war mit jungen Leuten überfüllt. Wollten die etwa alle zu einer dieser Studentendemonstrationen gegen den Bildungsnotstand und die Überfüllung der Hörsäle an der Kieler Universität? Oder waren die nur auf Randale aus?

In der Innenstadt stieg kaum jemand aus und andere schafften es nicht, sich in die überfüllte Straßenbahn hineinzudrängen. So wurde es eine recht anstrengende Fahrt im Stehen mit Halten an den Gummigriffen über die Gablenzbrücke, bis auf dem Ostufer am Karlstal fast alle ausstiegen. Ihr Ziel war für offensichtlich dasselbe: der Starpalast in Kiel-Gaarden, vor dessen Eingang sich bereits eine lange Schlange gebildet hatte.

Rocksänger Bill Haley and The Comets im Starpalast 1966.

„The Five Beats" sind die Gewinner bei einem Kapellenwettstreit im Starpalast, 1965.

Der Starpalast

1964 wird in Gaarden in den ehemaligen Räumen der Karlstal-Lichtspiele der Starpalast nach dem Vorbild des Star-Clubs in Hamburg auf der Großen Freiheit in St. Pauli gegründet, der wegen der drei Gastspiele der Beatles 1962 auf der Großen Freiheit in St. Pauli nach wie vor vermutlich berühmteste Beat-Club der Welt.

Im Gegensatz zum Hamburger Vorbild spielt im Kieler Starpalast allabendlich lediglich eine Band auf. Der Starpalast (Eintritt 1 Mark) wird schnell populär, denn dass Live-Gruppen mit unkonventioneller Musik aus aller Welt aufspielten, gab es bisher in Kiel nicht. Immer drei Stücke, dann eine Pause, in der sich die Tänzer und Sänger erfrischen können. Die Bands kommen in der Regel aus England, Schottland und Irland, aber auch aus den USA.

Die staubigen Tourbusse der Band sind ein Ziel für uns Kieler Mädchen, um sich mit dem Finger oder einem Lippenstift darauf zu verewigen. Eine der beliebtesten mehrfach aufspielenden Gruppen war die Boston Show Band mit Paul Raven, der später als Gary Glitter in mancherlei Hinsicht Furore machte.

Deutsche Bands spielten in der Regel nicht, außer bei Gastauftritten (The Rattles oder Die Anderen mit Jürgen Drews) oder als Vertretung, wenn eine Band kurzfristig ausfiel.

Hey Joe

Endlich hatte es Robert in den Pressluftschuppen geschafft. Offensichtlich war, dass der Starpalast früher ein Kino war. Außer einer neuen Bestuhlung mit roten Cocktailsesseln um Nierentische hatte man am Interieur vermutlich wenig verändert. Aber über der Tanzfläche vor der Bühne schwebte eine Diskokugel und es gab Schwarzlicht, was Roberts weißes Hemd zum Leuchten brachte. Die Vorgruppe spielte bereits.

Nach einer längeren Umbaupause wurde Jimi Hendrix mit seiner Haarpracht im Afro-Look und einer buntgestreiften Hose enthusiastisch vom Publikum gefeiert und bereits bei den ersten Riffs seiner Gitarre aus riesigen schwarzen Lautsprechertürmen klirrten sämtliche Gläser auf den Nierentischen.

Robert staunte. Eine solche musikalische Gewalt, die sogar seine Hose in Vibrationen versetzte, hatte er noch nicht erlebt. Über eine halbe Stunde intonierte Hendrix allein Hey Joe. Hendrix ging immer wieder zu den gewaltigen Lautsprechertürmen, um bewusst Rückkoppelungen zu erzeugen. Als Hendrix schließlich sein Plektrum in den Mund nahm und mit der Gitarre über seinem Kopf ein Solo vollbrachte, war das Publikum völlig aus dem Häuschen. Am Ende der Vorstellung entlockte er seiner Gitarre sogar mit der Zunge nie gehörte Klänge.

Am besten gefiel Robert aber zum Abschluss der Song „Machine Gun“.

Jimi Hendrix produzierte mit seinem Instrument Töne, die an Gefechte im Vietnam-Krieg erinnerten, zumal die Klänge von synchronisiert aufflackernden Scheinwerfern unterlegt wurden. Sollte Robert nicht besser den Kriegsdienst in der Bundeswehr verweigern? Vermutlich würde das große Schwierigkeiten mit den Eltern geben. Egal, heute jedenfalls war für Robert der Starpalast in Kiel-Gaarden der Mittelpunkt der Welt. Auch wenn es auf dem Ostufer war.

Laut und leise

Der Auftritt von Jimi Hendrix am 27. Mai 1967 im Starpalast in Gaarden schlug bei der Jugend im gesamten Kieler Raum wie eine Bombe ein. Aber auch Gastauftritte von Bill Haley and the Comets oder Cream (mit Eric Clapton) sind uns im Gedächtnis geblieben. Weniger bekannt ist, dass es an der Waldwiese einen Ableger des Hamburger Star-Clubs gab. Dorthin zog es die langhaarigen „Gammler" vom Westufer, während die Rocker den Starpalast auf dem Ostufer mehr oder weniger unter Kontrolle hatten.

Wegen ständiger Auseinandersetzungen mit den Anwohnern und dem neuen Trend zu Diskotheken wurde der Starpalast in Electric Action und 1970 schließlich in Revolution umbenannt. Das Konzept war aber nicht mehr zeitgemäß. Der ehemalige Starpalast war am Ende.

Hauptsache Musik

Anfang der 60er konnte man in Kiel Kapellen- und Tanzmusik hören. Der Paartanz wurde im Wintergarten zelebriert (später Bellavista), fröhlicher ging es in der Waldwiese (später Blauer Bock und Star-Club), im Waldesruh, der Forstbaumschule und im Ballhaus Eichhof zu. Dort spielten Kapellen Live-Musik zum Zuhören und Tanzen.
1964 kommt der Star Palast in Gaarden am Karlstal hinzu, der neue Maßstäbe setzt. Sechs Jahre lang performen überwiegend britische Lokalgrößen hinter den Türen im zweiten Stock, bis ein Laden in einem Gebäude in der Legienstraße öffnet: das Tamen-T. Konservenmusik, also von der Schallplatte, war verpönt.
Ende der 60er öffnen aber die ersten richtigen Discotheken: Den Anfang macht das Lollipop, wenig später das Victory, beide in der Holtenauer Straße. Das Vanilla Fudge am Dreiecksplatz (später Spectrum), das Joy am Alten Markt, das Revolution als Nachfolger vom Star Palast und das King George in der Langen Reihe – der Eingang war als hölzerne Kogge gestaltet – kommen hinzu.

Das andere Geschlecht

Kieler-DJ-Größen wie Klaus Bunsen oder Gary Mangels lassen die Plattenteller kreisen, Auftritte von Live-Bands finden höchstens noch einmal am späteren Abend statt. Unser Interesse verlagerte sich, genauer: Wir interessierten uns für das andere Geschlecht. Und nirgendwo kommt man sich leichter näher als in der Disco. Um 18 Uhr öffnen die Pressluftschuppen, um 19 Uhr ist der Laden bereits knackevoll und spätestens eine halbe Stunde später beginnt die Partnerschau. Natürlich mussten sich beide Geschlechter etwas Mut antrinken, Ende der 60er, auch wenn sich die Sitten mit Minirock und Beatmusik deutlich gelockert haben.

Die neue Freiheit: Das Mofa

1965 wird in der Bundesrepublik die Rechtsgrundlage für eine Fahrzeugklasse unterhalb des Mopeds geschaffen, das führerscheinfreie Mofa. Der ersten Verordnung nach waren Mofas einspurige, einsitzige Fahrräder mit Hilfsmotor und einer Höchstgeschwindigkeit von 25 km/h. Mit dem markanten und eigenständigen Design in Verbindung mit der Führerscheinfreiheit wird ein regelrechter Mofa-Boom ausgelöst, der bis in die 80er-Jahre reicht. Auf dem Höhepunkt der Entwicklung werden in der Bundesrepublik von mehr als 25 Herstellern etwa 150 verschiedene Modelle angeboten, wobei sich Ausführungen mit Elektromotor (Solo Electra) nicht durchsetzen können. Besonders auf dem Land haben Jugendliche endlich die Möglichkeit, in die Stadt zu fahren, um sich zu amüsieren. Viele können jetzt eine Lehrstelle in der Stadt annehmen.

Tanzschule Mäser

1966 eröffnete die Tanzschule Mäser im Papenkamp 4–6 und in Birgits Klasse sprach sich schnell herum, dass es dort viel unkonventioneller zugehen sollte, als in der traditionsbehafteten Tanzschule Gemind in der Holtenauer Straße. Nun durfte sich Birgit endlich zu einem Tanzkurs anmelden. Sie freute sich, denn bei Mäser wurde sogar Discofox, Jive und Rock'n'Roll angeboten. Das kleine Schwarze und glänzende Tanzschuhe hatten ihr die Eltern bereits zum Geburtstag geschenkt. Sie war also bestens gerüstet.

Eröffnung der Tanzschule Mäser im Papenkamp.
In der Bildmitte tanzen Brigitte und Heinz Mäser, 1966.

Überrascht war sie allerdings, als sie vor der ersten Tanzstunde den Konrad aus Gaarden traf, der flott mit seinem Mofa angerauscht kam. Er war ordentlich in die Höhe geschossen und begrüßte sie freundlich.

„Hallo, Birgit. Du auch hier? Schick siehst du aus. Willst du etwa auch zum Tanzkurs?"

Konrad sah großartig aus. Sie bekam kein Wort aus dem Mund und nickte nur kurz. Da noch etwas Zeit war, erzählte Konrad, wie es ihm in den letzten Jahren ergangen war. Nachdem er vom Gymnasium geflogen war, hatte er den Realschulabschluss in Gaarden nachgeholt und ging jetzt auf das Wirtschaftsgymnasium in der Rankestraße.

Rankestraße! Das war gleich bei Birgit um die Ecke. Sie bekam einen roten Kopf, aber Konrad schien es nicht zu bemerken. Sorgfältig schloss er sein Mofa ab und hakte sie wie selbstverständlich ein. Galant führte er sie über die steinerne Eingangstreppe in den lichten großen Saal mit dem hölzernen Tanzparkett. Birgit war mehr als gespannt.

Tanzschule

Anfang der 1960er-Jahre saßen die jungen Männer getrennt von den jungen Damen auf der gegenüberliegenden Seite des Tanzsaals. Die bangen Gefühle legten sich erst, als nach den ersten Tanzschritten klar war, dass die Wesen vom

Bei der Tanzschule Gemind in der Holtenauer Straße 75 ging es recht steif zu. Hier ein Foto zum Geschäftsjubiläum von 1972 (!).

anderen Geschlecht eigentlich recht umgänglich waren. Die Regeln waren streng: Die Jungs mussten zum Tanz auffordern und sollten die letzte Tanzpartnerin nach Hause oder wenigstens zur nächsten Bushaltestelle bringen.

„Anstandsunterricht“ gab es bis weit in die 60er-Jahre hinein, getrennt nach Männlein und Weiblein. Wer geht bei einem Restaurantbesuch wann voraus? Diese Regeln mussten bis zum Abschiedsball beherrscht werden, ansonsten gab es kein Tanzabzeichen. Zum Abschlussball durften die Eltern anwesend sein und es wurde gerne gesehen, dass die jungen Damen mit dem Vater der Begleitung einmal tanzten oder die jungen Herren die Mütter der Begleitung zum Tanz baten. Diese strengen Sitten lockerten sich allmählich ab Mitte der 60er-Jahre.

Darf ich bitten?

Inzwischen hatten die Mädchen in der Tanzschule Mäser auf einer Stuhlreihe an der Spiegelwand Platz genommen, während die Jungs allesamt brav an der Fensterseite saßen. Herr Mäser hielt einen offenbar einen launigen Vortrag über

Benimmregeln, denn die Burschen lachten oft. Birgit bekam von der Ansprache wenig mit, weil sie immer wieder zu Konrad schielte, der offensichtlich gerade die gesamte holde Weiblichkeit begutachtete. Ein wenig Eifersucht stieg in Birgit hoch, bis sich plötzlich die Jungs erhoben und zu den jungen Damen eilten, um sie aufzufordern. Es ging ein wenig drunter und drüber, bis Birgit endlich aufgefordert wurde. „Darf ich bitten?"

Schüchtern blickte sie hoch. Es war tatsächlich Konrad, der sie aufforderte. Freundlich lächelte Birgit und begab sich in seine Arme. Elegant führte er sie bei den ersten Schritten des langsamen Walzer. „Eins, zwei, drei, vier." Birgit fühlte seine Muskeln, er schien ordentlich Sport zu treiben. Dann wurde den Jungs gezeigt, wohin ihre rechte Hand beim Tanzen gehörte. „Auf den Büstenhalterverschluss Ihrer Tanzpartnerin."

Als Konrads Hand schüchtern suchend hinfand, liefen Birgit wohlige Schauer über den Rücken. In der Folge klopfte der Tanzlehrer zunehmend lustige Sprüche. „Die Herren machen Haufen und die Damen treten rein." Einige der jungen Damen kamen mit der Nähe des Tanzpartners nicht gut zurecht. Das bemerkte der Tanzlehrer sofort. „Meine Damen, nun lassen Sie die Hemmungen fallen, aber bitte nicht die Hüllen."

Erste Annäherung

Es gab viel Gelächter und die Tanzstunde verging wie im Fluge. Birgit hätte die ganze Nacht mit Konrad tanzen können, aber um 20 Uhr sollte sie pünktlich zu Hause sein. Der Abschied fiel ihr schwer. Ihm offenbar auch, denn er sah sie mit traurigen Augen an. „Ich würde dich gerne nach Hause fahren, Birgit, aber das Mofa ist ein Einsitzer."

Gedanken machte er sich also auch, das gefiel Birgit. So ging sie zum Angriff über. „Kommst du mich einmal in unserer Bäckerei besuchen, Konrad? Die liegt direkt auf deinem Heimweg in der Holtenauer, weißt du ja."

Als er schüchtern nickte, näherte sich Birgit und drückte ihm einen zärtlichen Kuss auf den Mund. Dann drehte sie sich schwungvoll um und trat beglückt den Heimweg an. Sie freute sich nicht nur auf die nächsten Tanzstunden. Vielleicht würden sie beide einmal zusammen auf die Kieler Woche gehen, zum Jahrmarkt auf dem Wilhelmplatz oder gar Silvester zusammen feiern. Schließlich standen die 70er-Jahre vor der Tür. Einen Millionär wollte sie nun nicht mehr. Es gab ja Konrad.

Die Moderatoren Marie-Luise Steinbauer und Christian Müller (mit Mütze) des NDR.

Glamour

Rüdiger Biel erlebte als Jugendlicher hautnah einigen Glamour, den er auf Zelluloid bannte. 1968 ging es, organisiert vom Klassenlehrer „Kuddel Z.", anlässlich der Kieler Woche mit dem Fördedampfer nach Kiel-Schilksee. Eigentlich ein trister Strandabschnitt, aber ausgerechnet in diesem Jahr begann man dort mit dem Bau des Zentrums für die Olympischen Segelspiele 1972. Aus diesem Anlass war die Glitzerwelt des Fernsehens für die Sendung „Aktuelle Schaubude" vor Ort. Zunächst rauschte ein Oldtimer knatternd

Wie ein Pascha kam Rex Gildo völlig unerwartet in einem Oldtimer in Kiel-Schilksee für Fernsehaufnahmen angerauscht.

Rex Gildo genoss seinen Auftritt an der Kieler Förde sichtlich.

Die ein Jahr später tödlich verunglückte Schlagersängerin Alexandra bei einem Interview.

Gitte und Rex Gildo verstanden sich offensichtlich auch privat gut.

heran. Der Fahrer wurde freudig beklatscht und bejubelt, zumal er jedermann bekannt war. Der Mann im Auto war der Schlagersänger Rex Gildo. Rüdiger gelang es, Rex Guildo zu fotografieren, aber auch andere Schlagerstars wie Gitte („Ich will'nen Cowboy als Mann") und Alexandra („Zigeunerjunge").

Bei einem weiteren Schulausflug nach Malente besuchte Rüdiger mit seiner Klasse das Trainingslager der deutschen Nationalmannschaft in der Sportschule. Das war eine gelungene Abwechslung zu unserem ansonsten recht eintönigem Schulalltag.

Wir konnten direkt bis zur Kaffeetafel gelangen (links Uwe Seeler und daneben Dettmar Cramer).

Wir kannten nicht jeden Spieler, aber der blonde Karl-Heinz Schnellinger war nicht zu übersehen.

Gut gefahren!

Endlich war es so weit: Nach 16 Fahrstunden im letzten halben Jahr und der mündlichen Prüfung stand die Führerscheinprüfung an. Ein Prüfer vom Technischen Überwachungsverein machte es sich auf dem Rücksitz des Opels bequem, während der Fahrlehrer wie gewohnt auf dem Beifahrersitz Platz nahm. Mit schweißnassen Händen umklammerte Robert das Lenkrad und wartete auf das Startsignal. Dann drehte er den Schlüssel im Zündschloss um. Der Motor sprang zum Glück sofort an und Robert ließ vorsichtig die Kupplung kommen, um einen ruckartigen Start zu vermeiden. Vorsichtig bog er in den Knooper Weg ein. Zum Glück war nicht allzu viel Verkehr.

Am Exerzierplatz bog er ab und fuhr den Kleinen Kuhberg hinab. Der Prüfer wies ihn an, in einer Parklücke am Holstenplatz vor dem Café Fiedler einzuparken. Rückwärts, das hatte Robert zum Glück oft genug geübt. So klappte es gleich beim ersten Versuch. Die Fahrt ging weiter über den Kreisverkehr am Berliner Platz, der nicht nur wegen des Hoppelpflasters gefürchtet war, sondern auch wegen des Straßenbahnverkehrs. So guckte er lieber zweimal in den Rückspiegel, bevor er am Bootshafen abbog.

Nun war aber das Schlimmste überstanden, denn es ging am Rotlichtviertel vorbei auf den Düsternbrooker Weg, der an der Förde entlang verlief. Bei der Reventloubrücke ging es wieder zurück Richtung Stadt und über die Beselerallee auf den Knooper Weg. Nun musste er nur noch vor der Fahrschule einparken.

Der graue Lappen

„Gut gefahren!“, lobte ihn der Prüfer und überreichte ihm den begehrten grauen Führerschein, der im Freundeskreis nur „Lappen“ genannt wurde. Robert bedankte sich und eilte nach Hause, um seinen Eltern stolz den Führerschein zu präsentieren. Aber anstelle gelobt zu werden,

Nach dem bestandenen Führerschein drohte der erste Strafzettel.

drückte ihm der Vater lachend den Zündschlüssel für den Käfer in die Hand. „Na, mein Sohn, dann zeig mal, was du gelernt hast.“ Jetzt kam Robert erst richtig ins Schwitzen. Zwei Prüfungen an einem Tag, das war zu viel.

Wir waren einiges gewohnt und fürchteten uns nicht vor den rauen Stürmen des Lebens.

Auf geht's!

Butenkieler

Wer zwischen den 50er- und 60er-Jahren in Kiel aufgewachsen ist, der hat am eigenen Leib erfahren, wie aus vom Krieg zerbombten Ruinen eine moderne Stadt wurde. Ende der 60er-Jahre hatten wir in Kiel alles, was das Herz begehrt: Kinos, Tanzsäle, Sportplätze und -hallen, Modegeschäfte und sogar Milchbars.

Und wir wuchsen in Freiheit und Frieden auf. Die Schulen waren wieder aufgebaut wurde, es gab kaum Zugangsbeschränkungen für die Universitäten, als Lehrlinge waren wir gefragt und die Arbeitslosigkeit war gering. Manche von uns beunruhigte der Vietnam-Krieg und der ein oder andere wurde politisch aktiv. Wir alle spürten den gesellschaftlichen Umbruch und ahnten, dass gewaltige Veränderungen auf uns zukamen, die auch unser kleines Leben beeinflussen würden.

Bis heute kommen viele von uns, die das Leben an andere, häufig weit entfernte Wohnorte verschlagen hat, gerne in ihre Heimatstadt zurück. Sie nennen sich stolz „Butenkieler“.

Weitere Bücher aus der Region

Simon Voß
Aufgewachsen in Kiel
in den 70er und 80er Jahren
64 Seiten, zahlr. Farb- und schw.-w.-Fotos
ISBN 978-3-8313-3541-1

Katja Josteit
Unsere Glücksmomente
Geschichten aus Kiel
80 Seiten, Hardcover
ISBN 978-3-8313-3331-8

Annerose Sieck
Schleswig-Holstein -
Die Gerichte meiner Kindheit
Rezepte und Geschichten
128 Seiten, zahlr. Farb- und schw.-w.-Fotos
ISBN 978-3-8313-2197-1

Manuela Junghölter
Starke Frauen aus Schleswig-Holstein
96 Seiten, zahlr. Farbfotos
ISBN 978-3-8313-3256-4

Wartberg-Verlag GmbH
Im Wiesental 1 | 34281 Gudensberg-Gleichen
www.wartberg-verlag.de

Bücher für Deutschlands Städte und Regionen
Telefon: 0 56 03 – 93 05 0
Fax: 0 56 03 – 93 05 28